Australien

Australien

Ein Reiselesebuch
herausgegeben von Freddy Langer
Ellert & Richter Verlag

Inhalt

Freddy Langer
Vorwort

Das Wesen Australiens hat man augenblicklich begriffen, wenn man sich über eine Landkarte beugt. Denn es ist ein Land von gespenstischer Leere. Fast nichts ist eingezeichnet in diesen Kontinent, der sich 4000 Kilometer von Ost nach West und 3700 von Nord nach Süd erstreckt. Eine Straße führt einmal im Kreis drum herum, meist entlang der Küste, von Stadt zu Stadt oder Städtchen zu Städtchen. Nur hin und wieder schneidet sie einen Landzipfel ab, der sich gar zu weit in die Endlosigkeit des Pazifiks oder des Indischen Ozeans reckt. Eine zweite Straße führt mitten hindurch, in fast gerader Linie durch eine Ödnis, wie man sie auf unserer Erde allenfalls noch in der Antarktis findet. Ausgetrocknet und bretteben, bis auf den Ayers Rock, den die Fügung des Schicksals so exakt ins Zentrum des Kontinents setzte, wie es nur irgend ging, geradeso, als hätte jemand von Anbeginn geplant, dass sich um diesen Fels eines Tages das ganze Bild Australiens drehen solle.

Es sind zwei Welten, in die der Kontinent sich aufteilt, dies macht die Karte unmissverständlich klar: die der erschlossenen Küste und die des verwaisten Hinterlands. An der Küste liegen die Städte, denen der, der sie besucht hat, guten Gewissens jeweils einen eigenen Superlativ zuordnen wird. Sydney ist die schönste, Melbourne die stolzeste, Adelaide die gepflegteste, Perth die gemütlichste, Canberra die unauffälligste – und dies nicht etwa Australiens, sondern gleich der ganzen Welt. Der unbedingte Wille zum Besonderen, der sich darin offenbart, hat einen einfachen Grund. Es geht den Bewohnern des schmalen Saums zwischen Wasser und Wüste nicht allein darum, sich gegen die Widrigkeiten der Natur zu behaupten. Vielmehr scheinen sie sich in dieser Isolation so einrichten zu wollen, dass es ihnen bloß nie in den Sinn kommt, danach zu fragen, wie es eigentlich jenseits der Ortsgrenze aussieht. Damit reagieren sie auf das, wofür der Historiker Geoffrey Blainey den Begriff „Tyrannei der Distanz" gefunden hat. Denn weit entfernt ist in Australien alles. Also bleibt man zu Hause.

Die Bilder, die sich dem Reisenden in den bewohnten Gegenden präsentieren, verdienen denn auch unentwegt die Bezeichnung Idyll. Ob die Veranden der viktorianischen Holzhäuschen mit Schnitzwerk überdacht sind, sich kleine Leuchttürme auf Klippen artig in den Himmel recken oder alte Damen im weißen Kostüm auf akkurat geschnittenem Rasen Lawn-Bowl spielen, eine englische Variante des Boule. Kirchen wurden bis ins späte 19. Jahrhundert im Stil der Gotik gebaut, die Straßenbahnen in Melbourne sehen aus wie einem Oldtimermuseum entwendet, und Sydney hat seinen Hafen erst in jüngster Vergangenheit wieder so hergerichtet, als hätte sich dort seit 100 Jahren nichts geändert. Man liebt es gemütlich, lässig, unaufgeregt und tut so, als wisse man eine lange Historie hinter sich. Doch alt ist in Australien nur das Land.

Es ist ein grausames Land. Busch wird es dort genannt, wo sich nahe der Städte einige Bäume und Sträucher aus dem Boden quälen und wo ein wenig Landwirtschaft noch möglich ist. Dann folgt, kaum ein paar Kilometer weiter landeinwärts, im fließenden Übergang das Outback. Dort dominieren Stein und Sand und roter Staub und schaffen eine Landschaft, die für Endzeitvisionen taugt, und die uns tatsächlich ein Gefühl dafür gibt, was eines Tages mit der Welt passiert, wenn Wind und Wetter im Laufe der Ewigkeiten alles abgetragen haben, was sich jetzt noch irgendwo in die Höhe reckt. Auch Australien, der älteste unter den Kontinenten, hatte einst Gebirge, von denen heute jedoch kaum mehr erhalten ist als bessere Hügel. Die ältesten Steine und die ältesten Fossilien der Welt treten hier zutage, wo sich seit 60 Millionen Jahren praktisch nichts verändert hat, in glühender Hitze und ewig währender Trockenheit.

Man kann sich ausmalen, wie verzweifelt jene Pioniere gewesen sein müssen, die in diesem riesigen Land nichts fanden als lebensabweisende Natur. Losgezogen waren sie mit den Hoffnungen, einen Garten Eden zu entdecken, und manche schleppten sogar Schiffe mit sich, weil das Gerücht umging, im Zentrum des Lands öffne sich ein Binnenmeer. Aber alles wovon jene berichten konnten, die lebendig aus der Wildnis wiederkehrten, waren Entbehrungen nie gekannter Art sowie die Begegnung mit sehr merkwürdigen Menschen und sehr giftigen Tieren.

Einige wenige hat das nicht davon abhalten können, sich inmitten der Wildnis niederzulassen. Die einen suchen nach Bodenschätzen, graben nach Eisenerz oder wühlen den Boden durch nach Diamanten. Die anderen leben auf Ranches mitten im Nirgendwo, nur jeweils eine Handvoll Menschen, die Herden mit Zehntausenden von Schafen und immerhin nach Tausenden zählenden Rindern hüten. Damit die Tiere satt werden, brauchen sie Flächen so groß wie deutsche Bundesländer – und angeblich bleibt ihnen keine Wahl, als noch die kleinste Gruppe von Kängurus rigoros abzuschießen, weil sie den Herden das wenige Gras wegfressen.

Dass es eigentlich umgekehrt ist, davon wollen die Landwirte nichts hören. Das Leben im Outback, dem australischen Busch, ist trotz moderner Annehmlichkeiten wie Strom und fließend Wasser, Geländewagen und Sportflugzeug der Mentalität der Pionierzeit nicht entwachsen. Vielleicht lässt der harte Alltag tatsächlich nur dies eine Denken zu: nicht mit der Natur auszukommen, sondern gegen sie zu überleben.

Es ist bis heute ein Abenteuer geblieben, die Bewohner des Outback zu besuchen. Selbst mit dem Flugzeug ist man stundenlang unterwegs über rote Wüste. Ein Bild der Trostlosigkeit breitet sich tief unten aus, spröde, ausgetrocknet, abweisend, nur dann und wann ein paar Tupfen zarten Grüns, eher ein Hohn der Natur als ein Zeichen der Hoffnung. Nichts Erhabenes ist dieser Landschaft eigen. Keine Spur von Romantik liegt über der endlosen Weite. Manchmal zieht sich als gerader Strich eine Piste durch die Weite und verbindet Punkte, die auf der Karte wie stolze Außenposten der Zivilisation erscheinen, in Wirklichkeit aber kaum mehr sind als winzige Ansammlungen von Bretterbuden, manchmal nur eine Bar, als Oase der Moderne, in der harte Kerle in kurzen Hosen am Tresen stehen und bei eiskaltem Bier Geschichten über Autopannen und Krokodile austauschen, oder eine Tankstelle, die im gleißenden Licht der Sonne für ein paar Sekunden aufblitzt.

Diese Orte haben verzaubernd klingende Namen wie Billabalong, Mooloogool oder Wyalkatchem, aber die Warnungen und Hinweise in dem Leitbuch für Piloten lassen keine Gedanken an verzaubernde Plätze aufkommen. Die Landebahnen werden beschrieben als „natürlicher Boden" oder „roter Lehm", in einigen Fällen sind sie „nur zu benutzen, wenn gemäht". Markiert sind sie bestenfalls mit Öltonnen oder Reifen, oft gar nicht. Bei manchen wird vor Masten und Zäunen gewarnt, andere werden nur für Notlandungen empfohlen. Dann aber taucht plötzlich eine Siedlung auf, ein Minenort, dessen Bewohner sich alle Mühe geben, ihrem Zuhause einen gepflegten Eindruck zu geben und die sich Jahr für Jahr um den „Tidy Town Award" bewerben. Die Minengesellschaften zahlen hohe Gehälter und schaffen für ihre Belegschaft eine Infrastruktur, wie sie anderswo kleine Städte nicht haben –

alles, um Menschen in diese Einöde zu holen. Was sollte man auch wollen in einer Landschaft, in der es nichts gibt außer Staub, in der die Temperaturen im Sommer 45 Grad erreichen und in der es nur alle paar Jahre regnet, sodass die Kinder bei den ersten Tropfen angeblich weinend vor Schreck nach Hause rennen.

Ist die Mine erschöpft, wird sie aufgegeben, und die Siedlung verfällt. Auch dafür gibt es Beispiele. Statt tausend oder ein wenig mehr, leben dann nur noch ein paar Dutzend Menschen im Ort, kauzige Gesellen, die sich nicht daran stören, dass das Café geschlossen ist, in der verrosteten Zapfsäule am Ortseingang Vögel nisten und die Nebenstraßen mit struppigen Büschen zugewuchert sind.

Das Outback, so scheint, lässt sich nicht erobern. Und so spielt es im kollektiven Bewusstsein der Nation auch keineswegs die Rolle, die der Wildnis etwa in Nordamerika zukommt, wo deren Urbarmachung gleichermaßen als Auftrag wie als Auszeichnung durch Gott verstanden wurde. Hier wird wohl nie die „frontier" überwunden. Das Outback ist einfach eine Leerstelle, ein Auslassungszeichen von ungeheuren Dimensionen im Rücken der Australier. Ein Mythos. Fast wie ein Land aus einem bösen Märchen.

Aber wie, fragt man sich, konnten dort Menschen 60 000 Jahre lang überleben. Im Einklang mit einer Natur, die diesen Begriff nicht verdient. Nomaden ohne Schrift, aber mit bezaubernden Bildern, die sie während ihrer Wanderungen immer wieder auf Felsen hinterlassen haben. Bis heute ist dieses ganz und gar andere Naturverständnis nicht restlos entschlüsselt, eine Vorstellung von Welt, in der jeder Strauch, jeder Fels und jeder Teich seine eigene Geschichte haben kann und die Landschaft eine ritualisierte Art der Fortbewegung über die „Traumpfade" verlangt, die man nur in Jahren erlernt. Und man muss daran zweifeln, dass sie jemals wirklich begriffen wird, denn längst sind die Aborigines keine Nomaden mehr, sondern leben in einem Vakuum zwischen der Tradition ihrer Stämme und der aus der westlichen Welt eingeführten Moderne. Für die alten Lebensweisen ist kein Raum mehr, an den neuen lässt sie kaum jemand teilhaben. Unentwegt erlebt man in Australien, wie sie über die Zwiespältigkeit ihrer tragischen Situation stolpern. Dort, wo weiße Unternehmer sie einstellen, um etwa auf mehrtägigen *Walkabouts* Urlaubern von ihrer Kultur zu berichten, darf man sich nicht wundern, wenn abends im Lager der Reiseführer sie eigens daran erinnern muss, weshalb es so schlimm sei, dass sie im Nationalpark kein Feuer anzünden dürfen. „Weil wir unser Essen nicht warm machen können?", fragen sie unsicher, aber das hatte er nicht hören wollen. „Die Geister", flüsterte er ihnen zu. „Ach ja, die Geister", antworten sie und nicken heftig.

Mittlerweile sind viele Aborigines ihre eigenen Unternehmer, viele Stämme ihre eigene Firma. Das war ein harter Weg. Denn in der kurzen Geschichte Australiens wurde den ursprünglichen Bewohnern des Kontinents mehr Unrecht angetan, als man es sich in den wildesten Fantasien ausmalen kann. Noch in den 1950er Jahren soll es auf Tasmanien unter Weißen als durchaus gesellschaftsfähiger Sport gegolten haben, Sonntag nachmittags mit dem Gewehr auf Aborigines-Jagd zu gehen. Und bis 1970 hat man Aborigines-Familien die Kinder weggenommen, um sie nach weißen Vorstellungen zu erziehen.

Eine Wende bedeutete das bahnbrechende Urteil des höchsten Gerichts Australiens, das 1992 klarstellte: Australien war bei der Besiedlung durch die Europäer keine „terra nullis", war also nicht unbewohntes Land, sondern im Besitz der Ureinwohner. Zehn Jahre lang hatte der Stammesführer und Rechtsanwalt Koiki Eddie Mabo für den „native title" auf eine Insel in der Torres Strait zwischen Australien und Neuguinea gestritten. Seit er den Prozess gewann, steht der Name „Mabo" für eine neue Einstellung zu Land und Besitz. Dennoch haben finanzielle Entschädigungen und Landrückgaben nur in Einzelfällen zu grundlegenden Veränderungen geführt. Krankheiten, Arbeitslosigkeit, Alkoholismus und Analphabetismus sind wie selbstverständlich auch weiterhin unter Aborigines wesentlich häufiger verbreitet als unter der weißen Bevölkerung. So geht ein zweiter Schnitt durch Australien, der auf Landkarten nicht zu erkennen ist: ein sozialer und kultureller.

Mit der Auswahl seiner Texte will dieses Reisebuch keineswegs zwischen den Gegensätzen vermitteln. Vielmehr stellt es die beiden sich so fremden Welten einander gegenüber. Hier die von Eroberern und Pionieren, die ungebremst dem Grundsatz folgten, sich die Welt Untertan zu machen, die entlang der Küste Millionenstädte errichteten und das Hinterland für ihre Farmen und Minen erschlossen. Dort die der Aborigines, deren Mythen einer Traumzeit auf seltsame Weise bis heute spürbar sind.

Der Schöpfungsmythos der Aborigines macht den Anfang. Bruce Chatwin erzählt ihn nach, berichtet, wie die Ahnen aus der Erde krochen, alle Lebewesen gebaren und in ihrem heiligen Gesang erst ihnen und anschließend allem, was die Welt ausmacht, ob lebendig oder tot, einen Namen gaben, bis am Ende die gesamte Welt von einem Liednetz überspannt war: den Songlines. Die erste Begegnung mit Aborigines schildert James Cook in seinem Tagebuch. Während seiner ersten Weltumsegelung war er 1770 an der australischen Küste ausgerechnet dort gelandet, wo später Sydney entstehen sollte – jedoch ohne den prächtigen Naturhafen zu entdecken. Nach den wunderbaren Monaten auf Tahiti machte die Urbevölkerung Australiens zunächst einen elenden Eindruck auf ihn; umso mehr bewunderte er sie dafür, dass sie kein Interesse an all dem Tand zeigten, den er mit großzügiger Geste überall auf seiner Reise verschenkte.

Paul Theroux hatte die umgekehrte Route gewählt. Er war unterwegs in die Südsee, machte zuvor jedoch

Halt in Australien. Um dem Rätsel des „Walkabout" auf die Spur zu kommen, spricht er mit Künstlern, Autoren und Wissenschaftlern, ehe er sich endlich aufmacht in das trockene, heiße Herzstück Australiens. Der Wildnis ebenfalls ganz nah kommt der amerikanische Schriftsteller Bill Bryson; allerdings während eines Spaziergangs in Sydney. Er verirrt sich in einem Park.

Der Reisejournalist Walter Schoendorf folgt der Ocean Route von Melbourne Richtung Westen, die dramatische Küstenlandschaft steht dabei in reizvollem Kontrast zur Gelassenheit der Menschen. Dass auch die Aborigines reisten, belegt ihr Märchen „Das große Wasser", in dem ein Jäger auf der Flucht vor einem Untier bis ans Meer wandert. Als er zu seinem Stamm zurückkehrt, glaubt man seinen Schilderungen nicht. Perth an der Westküste ist Australiens viertgrößte Stadt und zugleich isolierteste Großstadt der Welt. Das führt, wie Edith Kohn beobachten konnte, zu einem ganz und gar eigenen Lebensstil, der vielleicht gerade deshalb viel über Australien offenbart.

Fünf Monate, so hatte der deutsche Forschungsreisende Ludwig Leichhardt vermutet, würde seine Expedition durch das Innere Australiens dauern. 15 Monate wurden am Ende daraus. Er war der erste, der den Kontinent durchquert hatte. Die Tour war qualvoll, fast selbstmörderisch, und an deren Ende stand vor allem die Erkenntnis, dass das Landesinnere zu nichts taugen würde. Dennoch zog es Leichhardt noch zweimal ins Outback. Von seiner dritten Tour kehrte er nicht mehr zurück. Wieviel komfortabler hatte es der niederländische Reiseschriftsteller Cees Nooteboom, der im klimatisierten Mietwagen das Zentrum Australiens erforschte. Höhepunkt seiner Fahrt ist der Ayer's Rock oder Uluru, wie die Aborigines ihren heiligsten Ort nennen. „Ich hatte nicht vor, mich von einem Stein einschüchtern zu lassen", schreibt er, „doch so leicht kommt man nicht davon."

Niemand hat in der westlichen Welt mehr zum Mythos der Aborigines beigetragen als Bruce Chatwin mit seinem Buch „Traumpfade". Die Beschäftigung mit der Kultur der Aborigines wird ihm zum Ausgangspunkt für eine Theorie des Nomadentums, das er am Ende als die vollkommene Lebensweise begreift. Aber sie ist ihm auch Anlass, in kleinen Anekdoten und Beobachtungen durchaus satirische Momente festzuhalten, in denen die Kultur der Aborigines und der Weißen in größtem Unverständnis aufeinanderstoßen: etwa in einer Kunstgalerie.

Zwei Reportagen widmen sich den exzentrischen Lebensformen, denen man im Outback begegnen kann, in Coober Pedy, der selbst ernannten Opal-Hauptstadt der Welt, und beim Curdimurka Outback Ball, der einmal im Jahr inmitten des staubigen Nichts gefeiert wird. Abendgarderobe ist vorgeschrieben. Und eine Reportage widmet sich einer Landschaft, die man zunächst kaum mit Australien verbindet: dem Regenwald. In Tasmanien geht es mit einem Schlauchboot über den Franklin River.

Am Ende noch einmal der Mythos: Die Geschichte von der letzten Reise, während der der Mensch Rechenschaft ablegen muss über sein Wirken. Wehe dem, der die Natur und die Rechte des Stammes missachtet hat. Alle anderen aber führt der Weg zu einem lichten Wald mit grünen, grasigen Matten und leuchtenden Blumen – zu einem Ort, wie er himmlischer nicht sein könnte für jene, die ihr Leben in einem Land aus rotem Staub verbracht haben.

Bruce Chatwin
Am Anfang

Am Anfang war die Erde eine unendliche, finstere Ebene, getrennt vom Himmel und vom grauen Salzmeer und in schattenhaftes Zwielicht getaucht. Es gab weder Sonne noch Mond, noch Sterne. Doch in weiter Ferne lebten die Himmelsbewohner: jugendlich unbekümmerte Wesen, mit menschlicher Gestalt, aber den Füßen von Emus, und ihr goldenes Haar glitzerte wie Spinnweben im Sonnenuntergang; zeitlos und ohne zu altern lebten sie seit eh und je in ihrem grünen, wasserreichen Paradies jenseits der westlichen Wolken.

Auf der Oberfläche der Erde waren die einzigen Merkmale einige Höhlungen, die eines Tages Wasserlöcher sein würden. Es gab keine Tiere und keine Pflanzen, doch um die Wasserlöcher ballte sich eine breiige Fülle von Materie: Klumpen von Ursuppe – lautlos, blind, nicht atmend, nicht wach und nicht schlafend –, und jeder Einzelne trug die Substanz des Lebens oder die Möglichkeit der Menschwerdung in sich.

Unter der Erdkruste jedoch glitzerten die Konstellationen, die Sonne schien, der Mond nahm zu und nahm ab, und alle Formen des Lebens lagen schlafend da: das Scharlachrot einer Wüstenwicke, das irisierende Licht auf einem Schmetterlingsflügel, der zuckende weiße Schnurrbart des Alten Kängurumannes – sie ruhten wie Samen in der Wüste, die auf einen vorbeiziehenden Regenschauer warten müssen.

Am Morgen des ersten Tages hatte die Sonne das Verlangen, geboren zu werden. (Am selben Abend sollten Sterne und Mond folgen.) Die Sonne brach durch die Oberfläche, überflutete das Land mit goldenem Licht, wärmte die Höhlungen, unter denen jeder Ahne schlief.

Anders als die Himmelsbewohner waren diese Alten nie jung gewesen. Es waren lahme, erschöpfte Graubärte mit steifen Gliedern, und sie hatten in Abgeschiedenheit ewige Zeiten durchschlafen.

So kam es, dass an diesem ersten Morgen jeder schlummernde Ahne die Wärme der Sonne auf seinen Augenlidern lasten spürte und spürte, wie sein Körper Kinder gebar. Der Schlangenmann spürte, wie Schlangen aus seinem Nabel glitschten. Der Kakadumann spürte Federn. Der Witchettymann spürte ein Schlängeln, die Honigameise ein Kitzeln, das Geißblatt spürte, wie seine Blätter und Blüten sich öffneten. Der Bandikutmann spürte, wie junge Bandikuts unter seinen Armhöhlen hervorquollen. Alle „lebenden Geschöpfe", ein jedes an seiner eigenen, gesonderten Geburtsstätte, streckten sich dem Licht des Tages entgegen.

Auf dem Grund ihrer Höhlungen (die sich jetzt mit Wasser füllten) bewegten die Alten ein Bein, dann das andere Bein. Sie schüttelten ihre Schultern und reckten ihre Arme. Sie richteten ihre Körper aus dem Schlamm empor. Ihre Augenlider platzten auf. Sie sahen ihre Kinder im Sonnenschein spielen.

Der Schlamm fiel von ihren Schenkeln, wie Plazenta von einem Neugeborenen. Dann, dem ersten Schrei eines Neugeborenen ähnlich, öffnete jeder Ahne den Mund und rief: „ICH BIN!" „Ich bin Schlange … Kakadu … Honigameise … Geißblatt!" Und dieses erste „Ich bin!", diese uranfängliche Namensgebung, galt – in diesem Augenblick und für alle nachfolgende Zeit – als die geheimste und heiligste Strophe des Ahnen-Lieds.

Jeder der Alten (die sich jetzt im Sonnenlicht wärmten) setzte seinen linken Fuß voran und rief einen zweiten Namen. Er setzte seinen rechten Fuß voran und rief einen dritten Namen. Er benannte das Wasserloch, die Riedbeete, die Gummibäume – er rief nach rechts und nach links, er rief alle Dinge ins Dasein und verwob ihre Namen zu Versen.

Die Alten sangen ihren Weg durch die ganze Welt. Sie sangen die Flüsse und Bergketten, die Salzpfannen und Sanddünen. Sie jagten, aßen, liebten, tanzten, töteten: Wo immer ihre Pfade hinführten, hinterließen sie eine musikalische Spur.

Sie hüllten die ganze Welt in ein Liednetz ein, und als die Erde schließlich gesungen war, fühlten sie sich müde. Wieder spürten sie in ihren Gliedern die eisige Bewegungslosigkeit ewiger Zeiten. Einige versanken in der Erde, auf der sie standen. Einige verkrochen sich in Höhlen. Einige schleppten sich zu ihrer „ewigen Heimstatt", zu den uralten Wasserlöchern, die sie geboren hatten.

Alle kehrten sie „zurück ins Innere".

James Cook
Entdeckungsfahrten im Pazifik

Samstag, 28. April 1770
Als der Morgen graute, entdeckten wir eine Bucht, die uns zureichend vor allen Winden geschützt schien; in selbige beschloss ich mit dem Schiff zu fahren, und in dieser Absicht entsandte ich den Master in der Pinasse, den Eingang auszuloten …

Sonntag, 29. April 1770
Da wir einfuhren, sahen wir an beiden Spitzen der Bucht mehrere Eingeborene und einige wenige Hütten, Männer und Frauen an der südlichen Küste auf der Höhe des Schiffs. Zu selbigem Orte fuhr ich mit dem Boot, in der Hoffnung, mit ihnen sprechen zu können; in meiner Begleitung waren Mr. Banks, Dr. Solander und Tupia. Da wir uns der Küste näherten, machten sich alle davon, mit Ausnahme nur zweier Männer, die entschlossen schienen, sich unserer Landung zu widersetzen. Sobald ich dies sah, ordnete ich an, das Rudern einzustellen, um mit ihnen zu sprechen; doch dies war von geringem Nutzen, denn sowohl wir als auch Tupia verstanden kein Wort von dem, was sie sagten. Sodann warfen wir ihnen Nägel und etlichen Tand an Land, welche Dinge sie allesamt auflasen; sie schienen einigen Gefallen daran zu finden und ich dachte, sie würden uns durch Winken einladen, an Land zu kommen. Doch erwies sich dies als eine Täuschung; denn sobald wir einliefen, kamen sie wieder heran, uns Widerstand zu leisten. Daraufhin

feuerte ich eine Muskete zwischen die beiden, was keine andere Wirkung erzielte, als dass sie sich bis zu der Stelle zurückzogen, an welcher ein Haufen ihrer Wurfspeere lag; und einer von ihnen hob einen Stein auf und warf ihn nach uns. Dies veranlasste mich, eine weitere Muskete mit kleinem Geschoss abzufeuern, und obwohl etwas von dem Geschoss den Mann traf, war der Effekt nur, dass er einen Schild oder eine Scheibe ergriff, sich zu verteidigen. Danach landeten wir sogleich, und schon schleuderten sie zwei Wurfspeere auf uns; dies zwang mich, einen dritten Schuss abzufeuern, worauf sie sich alsbald davonmachten. Doch geschah dies nicht in solcher Hast, als dass wir nicht einen hätten ergreifen können; Mr. Banks war jedoch der Meinung, die Speere seien vergiftet, und verursachte eine sorgsame Erwägung eines Vordringens in den Wald. Hier fanden wir einige kleine Hütten, aus Baumrinde gemacht; in einer derselben waren vier oder fünf kleine Kinder, welchen wir einige Ketten et cetera gaben. Eine Anzahl von Speeren lag um die Hütten; diese nahmen wir an uns. Der Kanus drei lagen am Strande, welche meiner Meinung nach die schlechtesten waren, welche ich je gesehen.

[...]

Samstag, 14. Juli 1770
Sanfte Brisen im Südosten und diesiges Wetter. Des Nachmittags komplettierten wir unser Wasser und brachten alles Brot und einen Teil der Vorräte an Bord; des Abends entsandte ich wiederum Männer zum Schildkrötenfang. Des Vormittags waren wir damit beschäftigt, Steinballast an Bord zu schaffen und die Reservesegel zu trocknen. Mr. Gore, welcher sich ins Land begab, schoss eines der bereits erwähnten Tiere; es war ein kleines dieser Sorte und wog ohne Eingeweide nur 28 Pfund. Das Haupt, der Hals und die Schultern dieses Tieres waren sehr klein im Verhältnis

zu den anderen Teilen. Der Schwanz war fast so lang wie der Körper, er war dick am Rumpfe und wurde seinem Ende zu dünner; die Vorderbeine maßen acht Inches und die hinteren 22. Seine Fortbewegung erfolgte durch Hüpfen oder Springen, und jeder Sprung beträgt sieben oder acht Fuß, wobei es nur die Hinterbeine benützt, und die vorderen haben daran keinen Anteil; diese scheinen nur zum Kratzen in der Erde et cetera zu dienen. Die Haut ist von einem kurzhaarigen Pelz von dunkler Mausfarbe oder grauer Farbe bedeckt. Mit Ausnahme nur des Kopfes und der Ohren, welche, wie ich meine, an den Hasen erinnern, weist es keinerlei Ähnlichkeiten mit irgendeinem europäischen Tier auf, das ich je gesehen …

[…]

Donnerstag, 23. August 1770

[…] Die Eingeborenen dieses Landes sind von mittlerer Statur und straffer, schlanker Gestalt; ihre Haut hat die Farbe von Holzruß oder dunkler Schokolade, ihr Haar ist meist schwarz, manchmal glatt und manchmal kraus, und sie tragen es allesamt kurz geschoren. Ihre Bärte, welch selbige im Allgemeinen schwarz sind, scheren sie gleichermaßen kurz oder sengen sie ab. Ihre Züge sind nicht im Entferntesten abstoßend, und ihre Stimmen sind sanft und klangvoll. Männer wie Frauen gehen völlig nackt, bar jeglicher Art von Bekleidung; die Frauen bedecken nicht einmal ihre Scham. Obwohl keiner von uns jemals einer ihrer Frauen sehr nahe war, ein Gentleman ausgenommen, so sind wir uns dessen dennoch so sicher, als hätten wir unter ihnen gelebt. Obwohl wir während unseres Aufenthalts am Endeavour River mehrere Unterredungen mit den Männern hatten, brachten sie niemals auch nur eine ihrer Frauen mit zu unserm Schiffe, es mag Eifersucht, es mag Missachtung die Ursache gewesen sein; sie ließen ihre Frauen vielmehr auf der anderen Seite des Flusses, wo wir sie durch unsere Gläser häufig beobachten konnten. Als Schmuck tragen sie Halsketten aus Muschelschalen und um ihre Arme Armbänder oder Reifen, welche zumeist aus Haar gemacht sind; diese tragen sie eng an dem oberen Teil ihrer Arme, und manche haben Gürtel, die in derselben Weise gefertigt sind. Die Männer haben einen Knochen, drei oder vier Inches lang und fingerdick, durch die Nase stecken; ebenso haben sie Löcher in ihren Ohren für Ohrringe, doch sahen wir sie niemals solche tragen. Auch wird der andere Schmuck nicht allgemein getragen, denn wir sahen ebenso viele mit Schmuck wie ohne solchen. Manche von denen, die wir auf der Possession-Insel sahen, trugen Brustplatten, welche nach unserer Meinung aus Perlmuscheln gemacht waren. Viele von ihnen bemalen ihre Körper und Gesichter mit einer Sorte weißer Paste oder Farbe; dies tun sie auf unterschiedliche Weise, ein jeder nach seinem Gefallen. Ihre Waffen für den Angriff sind Wurfspeere; manche sind nur an einem Ende gespitzt, andere haben Widerhaken, manche von Holz, andere von den Stacheln der Rochen, wieder andere von den Zähnen der Haifische et cetera; diese letzteren sind mit Gummi festgemacht. Sie werfen den Speer mit nur einer Hand; dabei benützen sie ein Stück Holz, ungefähr drei Fuß lang und dünn wie die Schneide eines Entermessers, welches an einem Ende durch einen kleinen Haken mit dem Ende des Speeres verbunden ist, und an dem anderen Ende ist ein dünnes Stück Knochen von ungefähr drei oder vier Inches Länge befestigt. Ihr Zweck ist es, so glaube ich, den Speer sicher zu halten und ihn zu einem richtigen Fluge zu bringen. Mit der Hilfe dieser Wurfstecken, wie wir sie nennen, können sie ein Ziel in einer Entfernung von 40 oder 50 Yards treffen, und dies mit fast, wenn nicht genau derselben Sicherheit, wie wir es mit einer Muskete vermögen. Diese Wurfstecken hielten wir zuerst für hölzerne Schwerter, und vielleicht benutzen sie dieselben bei manchen Gelegenheiten als solche, wenn ihre Speere zur Neige gegangen. Doch sei dem, wie es wolle, sie reisen jedenfalls nie ohne diese und ihre Speere, nicht allein aus Furcht vor Feinden, sondern auch, um Tiere zu erlegen, wie ich noch dartun werde. Die Waffen zu ihrer Verteidigung sind Schilde aus Holz, doch diese sahen wir niemals in Anwendung, mit Ausnahme eines Males in der Botany Bay. Ich sehe sie nicht als kriegerisch an; vielmehr glaube ich im Gegenteil, dass sie eine zaghafte und gutartige Rasse sind, in keiner Weise zu Grausamkeit neigend. Auch sind sie nicht sehr zahlreich; sie leben in kleinen Gruppen entlang der Meeresküste und der Ufer von Seen, Flüssen, Bächen et cetera. Sie scheinen keinen festen Wohnsitz zu haben, sondern ziehen von Ort zu Ort auf der Suche nach Nahrung, wie wilde Tiere; und ich glaube, dass ihr Unterhalt lediglich vom Erfolg des Tages abhängt. Sie haben hölzerne Fischrechen mit zwei, drei oder vier Zinken, ein jeder sehr sinnreich gefertigt, mit welchen sie Fische fangen; wir sahen sie auch mit ihren Speeren Fische wie Vögel erlegen. Mit diesen töten sie ebenso andere Tiere. Sie haben auch hölzerne Harpunen zur Tötung von Schildkröten; doch glaube ich, dass sie von diesen nur wenige erlangen, außer in der Zeit, in welcher sich die Schildkröten an Land aufhalten. Kurz, diese Leute leben gänzlich vom Fischfang und von der Jagd, doch in der Hauptsache von ersterem. Niemals sahen wir auch nur eine Handbreit bebauten Bodens in dem gesamten Land; sie kennen jedoch den Nutzen von Taara und essen gelegentlich davon. Wir wüssten nicht, dass sie irgendetwas roh verzehren; vielmehr rösten oder braten sie all ihre Nahrung langsam auf kleinem Feuer.

Ihre Häuser sind elende kleine Hütten, nicht viel größer denn ein Ofen, sie sind aus Stöcken, Rinde, Gras et cetera gemacht. Selbst diese werden außerhalb der Regenzeiten nur selten benutzt; wir wissen, dass sie in den Trockenzeiten so oft unter freiem Himmel schlafen wie irgendwo sonst. Wir haben viele ihrer Schlafplätze gesehen, an welchen sich auf der Windseite nur einige Zweige oder Rindenstücke ungefähr einen Fuß über den Boden erheben. Ihre Kanus sind so erbärmlich, wie man sich nur vorstellen kann, insbesondere im Süden; dort waren alle, die wir sahen, aus nur einem Stück Baumrinde von ungefähr zwölf oder 14 Fuß Länge gefertigt. Diese Kanus tragen nicht mehr denn zwei Menschen, im Allgemeinen ist nur einer in ihnen. Schlecht, wie sie sind, erscheinen sie doch ihrem Zwecke angepasst, und dies besser, als wenn sie größer wären; denn da sie nur wenig Tiefgang haben, fahren die Eingeborenen mit ihnen auf die Schlammbänke und sammeln Schalentiere et cetera, ohne aus dem Kanu zu steigen. Die wenigen Kanus, die wir im Norden sahen, waren aus einem ausgehöhlten Baumstamm gefertigt, ungefähr 14 Fuß lang und sehr schmal und hatten Ausleger; diese tragen vier Menschen. Während unseres gesamten Aufenthalts am Endeavour River sahen wir nur ein Kanu und hatten guten Grund zu glauben, dass die wenigen Eingeborenen, die in der Umgegend lebten, nicht mehr besaßen; dieses eine diente ihnen zur Überquerung des Flusses und zum Fischen et cetera. Sie halten sich täglich bei niedrigem Wasser an den hie und da vorhandenen Untiefen auf, um Schalentiere zu sammeln oder was immer sie an Essbarem finden mögen; ein jeder von ihnen hat einen Beutel, das Gefundene aufzubewahren; dieser Beutel ist aus Netzwerk.

Sie haben unseres Wissens nicht die geringste Kenntnis von Eisen oder irgendeinem anderen Metall; ihre Geräte müssen aus Steinen, Knochen und Muscheln gefertigt werden. Diejenigen aus dem erstgenannten Materiale sind sehr schlecht, wenn ich dies nach einem ihrer Beile schließen darf, das ich gesehen. So schlecht und erbärmlich ihre Kanus sind, so gelangen sie, soweit wir wissen, in ihnen doch zu bestimmten Zeiten des Jahres zu den entferntesten Inseln der

Küste; denn wir landeten niemals auf einer, auf welcher wir nicht Anzeichen dafür fanden, dass zuvor schon Leute darauf waren. Wir waren überrascht, Häuser et cetera auf der Eidechsen-Insel zu finden, welche 15 Meilen von dem nächsten Festland liegt; denn zuvor hatten wir geglaubt, dass sie eine solche Entfernung nicht in ihren Kanus zurücklegen könnten.

Die Küste dieses Landes, zumindest derjenige Teil derselben, so im Norden der Breite von 25° gelegen ist, weist eine Vielzahl guter Buchten und Häfen auf, welche vor allen Winden geschützt sind. Doch das Land selbst bringt, soweit wir wissen, kein einziges Ding hervor, welches ein Artikel des Handelns werden und Europäer zu einer Ansiedlung einladen könnte. Jedoch ist diese östliche Seite nicht jenes öde und elende Land, als welches *Dampier* und andere die westliche Seite beschrieben haben. Wir müssen bedenken, dass wir dieses Land in dem unveränderten Zustand der Natur sehen; der Mensch hat an keinen Teil desselben Hand gelegt, und dennoch finden wir alle Dinge, welche die Natur dem Land verliehen hat, in blühendem Zustand. Es kann niemals daran gezweifelt werden, dass in diesem weiten Land die meisten Sorten Getreide, Früchte, Wurzeln et cetera gedeihen würden, wenn man sie nur herbrächte und mit fleißiger Hand pflanzte und hegte; und hier findet sich zu jeder Jahreszeit Futter für mehr Vieh, als jemals in dieses Land gebracht werden kann.

So man die Nachbarschaft dieses Landes zu Neu-Guinea, Neu-Britannien und mehreren anderen Inseln bedenkt, welche Kokosnüsse und viele andere zur Nahrung des Menschen geeignete Früchte hervorbringen, so erscheint es sonderbar, dass diese nicht schon vor langer Zeit hierher verpflanzt wurden; doch da dies nicht der Fall ist, scheint es, dass die Eingeborenen dieses Landes keinen Handel mit ihren Nachbarn von Neu-Guinea treiben. Es ist sehr wahrscheinlich, dass sie anderer Art sind und eine andere Sprache reden …

Aus dem, was ich über die Eingeborenen Neu-Hollands berichtet, mag mancher den Schluss ziehen, sie seien die elendesten Kreaturen auf Erden; doch in Wirklichkeit sind sie weit glücklicher als wir Europäer. Sie befinden sich in völliger Unkenntnis der überflüssigen wie der notwendigen Annehmlichkeiten, welchen das höchste Streben der Europäer gilt, und sie sind glücklich durch ihr Unwissen. Sie leben in einer Ruhe, welche nicht durch die Ungleichheit der Umstände gestört wird; das Land und das Meer versorgen sie von selbst mit allen Dingen, die zum Leben notwendig sind. Sie begehren keine prächtigen Häuser, Dinge des Haushalts et cetera; sie leben in einem warmen und angenehmen Klima und sind mit einer sehr gesunden Luft gesegnet. So bedürfen sie kaum der Kleidung und dessen scheinen sie sich voll bewusst zu sein; denn viele, welchen wir Tuch et cetera gaben, ließen dieses achtlos am Strand und in den Wäldern liegen, als ein Ding, wofür sie keinerlei Verwendung hatten. Kurz, sie schienen auf keines der Dinge Wert zu legen, die wir ihnen gaben.

Paul Theroux
Wanderschaft in Woop Woop

Wenn man weiße Australier fragt, was das Wort „walk-about" bedeutet, werden sie einem erklären, es bezeichne die manische Flucht eines Aborigine, der seinen Job oder den Schutz seines humpy, seiner Behelfshütte, verlässt, von dannen trottet und sich auf den Weg ins Hinterland macht. Es ist ein plötzliches Verschwinden, fast wie ein Anfall von Besessenheit, der damit endet, dass der Aborigine wie ein verrückter Hund seinem eigenen Schwanz nachjagt. Aber ist es wirklich so?

Als ich wieder in Sydney war, suchte ich nach einem Aborigine, den ich fragen konnte. „Nennen Sie sie bloß nicht Abos", wurde ich – unnötigerweise – von Menschen gewarnt, die selbst insgeheim mehr als ein Dutzend verschiedener Namen für sie benutzten: boong, bing oder murky sind nur ein paar Beispiele. Allerdings verteilen die bigotten Australier ihre Vorurteile ganz gerecht: „Ein boong mit Stiefeln" ist ein Japaner und ein yank boong ein schwarzer Amerikaner.

Die Suche nach Aborigines in Australien ähnelt dem Zeitvertreib von Hobby-Ornithologen. Vögel gibt es überall, aber nur Enthusiasten nehmen sie wirklich wahr. Vogelfanatiker lehnen sich plötzlich ein bisschen vor, werden starr und flüstern: „Da, ein gelbbauchiger Bülbül", während man selber nichts sieht als flatternde Blätter. In einer ähnlichen Geisteshaltung entwickelte ich meinen siebten Sinn für das Aufspüren von Aborigines. Allzu oft waren sie unter Eukalyptusbäumen oder sonst wo im Schatten verborgen. Sie saßen meist reglos herum, üblicherweise vor der Sonne geschützt, oft in Stadtparks, fast immer unter Bäumen. Es gab viele von ihnen.

„Sie sind so arm", hieß es, „dass sie die Farbe von den Zäunen fressen."

Vielleicht waren sie für jedermann sichtbar, aber wenn es so war, dann machten die Australier zumindest nie auf sie aufmerksam. Ich fing an zu glauben, dass die Aborigines nur für den nicht unsichtbar waren, der Ausschau nach ihnen hielt. Wie ein Vogelenthusiast notierte ich meine Funde.

Mark Twain hielt sich im Jahre 1895 für mehr als einen Monat in Australien auf und bedauerte, kein einziges Känguru und keinen Aborigine gesehen zu haben.

„Wir sahen Vögel, aber kein Känguru", schreibt Twain in einem der Australienkapitel seines Weltreiseberichts *Following the Equator*, „kein Emu, keinen Ornithoryncus [sic], keinen Vortragsreisenden, keinen Eingeborenen. Wirklich, das Land schien überhaupt kein Wild zu bergen. Aber ich habe das Wort ‚Eingeborener' falsch gebraucht. In Australien wird es nur auf in Australien geborene Weiße angewendet. Ich hätte sagen sollen, dass wir keine Ureinwohner gesehen haben – keine ‚Schwarzen'. Bis zum heutigen Tag habe ich keinen zu Gesicht bekommen."

„Ich würde 30 Meilen laufen, um zumindest ein ausgestopftes Exemplar zu sehen", seufzte er am Ende seines Australienaufenthaltes.

Ich fand sowohl die Menschen als auch das Problem unübersehbar. In La Perouse an der Botany Bay, in der Nähe des Flughafens von Sydney, gibt es eine ordentliche Siedlung für Aborigines. Mit einem Mann aus Sydney, der mir davon erzählt hatte, wanderte ich an einem regnerischen Nachmittag an den etwa 100 Fertighäuschen entlang: die Elaroo Avenue hinunter, die Adina-Straße rauf und rüber bis zum Goolagong Place. Die Straßen waren fast leer, und ein paar Aborigines, die zunächst noch um ihre Motorräder herumgestanden hatten, stiegen auf, als sie uns sahen, röhrten davon und warfen dem Wind ihre finsteren Blicke zu.

„Es sind merkwürdige Leute", sagte Tony. Er selbst war Italiener, Australier in erster Generation. Er war klein, der Typus, von dem die Australier sagen, dass er sich auf den Kopf stellen müsste, um seine Füße in einen Steigbügel zu kriegen. Er hasse die Aborigines nicht, sagte er, aber er bemitleide sie und könne sie nicht verstehen. „Sie reparieren nie was. Wenn was kaputtgeht, dann ist es kaputt. Wenn ihnen ein Zahn rausfällt, denken sie überhaupt nicht daran, ihn ersetzen zu lassen."

Tatsächlich wirkten viele der Aborigines, die ich später traf, auf düstere Weise fatalistisch. Manchmal erschienen sie dadurch traurig, manchmal auch unbesiegbar.

„Hier gibt es keinen Ärger mit ihnen", sagte Tony. „In Redfern ist das anders, da treten sie in Schlachtordnung gegen die Polizei an."

Viele von den Aborigines im Stadtbezirk Redfern gelten als besonders verkommen. „Knallharte Kanaken", sagen die weißen Australier – ob sie selbst nun erst vor einem Monat eingewanderte Türken sind, Sizilianer vom letzten Jahr oder auf ihre Sträflingsvorfahren stolze Snobs – und ergehen sich in Verallgemeinerungen, die sich auf die Anschauung dieser ziemlich trostlosen städtischen Aborigines gründen. Die Aborigines erregen Mitleid und Abscheu, provozieren Gewalt und Spott. Zahllose Witze sind über sie in Umlauf, besonders unter Schülern. Frage: Warum sind die Mülltonnen in Redfern aus Glas? Antwort: Damit die Abos die Auslagen angucken können.

Jeder hat eine Meinung, keiner eine Lösung.

Ich versuchte, mit Patrick White Kontakt aufzunehmen, Australiens größtem lebenden Autor, einem Fürsprecher der Aborigines und ihrer Rechtsansprüche. Mit seinem Roman *Die im feurigen Wagen* hat er in der Figur des Alf Dubbo ein denkwürdiges Porträt eines Aborigine geschaffen: Alfs *walkabout*, seine riesigen, lebhaften Gemälde, seine Verwirrung, seinen Kulturschock, seine Trunksucht, sein Martyrium. Was hatte es mit dem Wort „walkabout" als Bezeichnung für das plötzliche Verschwinden auf sich, wollte ich ihn fragen, und was mit dem berühmten Film *Walkabout* von Nicolas Roeg, der – Mr. Whites Romane einmal außer Acht gelassen – meine bisher einzige Begegnung mit Australien dargestellt hatte? Ich hatte meine Probleme mit der Bedeutung dieses Wortes und wollte Weiß-Australien verlassen, um in das ferne Nirgendwo zu gelangen, das im Wort „*Woop Woop*" liegt. Ich glaubte, dass Patrick White mir würde helfen können. In seinem hohen Alter, in dem mit den Jahren auch der Starrsinn fortgeschritten war, hatte er sich zu sehr vielen Themen geäußert.

„Ich kann Paul Theroux nicht treffen. Ich bin zu krank, um mit Prominenten zu sprechen", verlautete es aus dem Haus des Nobelpreisträgers, das in einem Vorort von Sydney lag.

Zwei Tage später starb er – soviel zum Thema plötzliches Verschwinden –, und die australischen Nachrufschreiber machten sich über ihn her. Es gibt nichts, was die Volksseele so brodeln lässt wie ein Sieg bei internationalen Sportwettkämpfen oder der Tod eines prominenten Mitbürgers. In diesem Fall schubsten die Nachrufschreiber die Leiche von Patrick White von Maggotty Gully nach Cootamundra, von Pontius zu Pilatus. Es gab fast keine Anzeichen dafür, dass auch nur einer von ihnen die Romane des Mannes gelesen hatte. Die rachsüchtigen Philister in Rupert Murdochs landesweit verbreiteter Zeitung *The Australian* setzten anstelle eines Bildes von Patrick White ein Foto seines Erzfeindes A.D. Hope aufs Titelblatt, und in den meisten anderen Blättern war von White als „mäkeliger alter Schwuchtel" die Rede. Die Romane waren ja schön und gut, aber was hatte er sich für Scheußlichkeiten gegenüber Australien erlaubt? Zugegeben, er hatte eine unverkennbar krasse Ausdrucksweise.

„Als ich wieder im Lande war", hatte Patrick White geschrieben, „war das vertrauteste Geräusch das heftige Platschen der Scheiße, die die Australier von sich geben."

In einem öffentlichen Vortrag hatte er Premierminister Bob Hawke „einen der größten Scheißköpfe der Welt" genannt und gemeint, er habe eine Frisur wie ein Kakadu. Er hatte hässliche Worte über die englische Königsfamilie gesagt: *„Queen Betty"* und *„The Royal Goons – die königlichen Idioten"* und sich zudem über Dame Joan Sutherland lustig gemacht.

[…] Indem ich mir Einzelheiten aus dem Film ins Gedächtnis rief, benutzte ich Nicolas Roegs *Walkabout* als Leitfaden, der mich zuerst durch die Stadt und später hinaus ins Hinterland führte: Genauso verläuft die Handlung des Films.

Niemand, mit dem ich in Australien oder anderswo darüber sprach, hatte die Anziehungskraft dieses Films vergessen oder war nicht davon bezaubert gewesen. Der Film kam 1969 in die Kinos, verschwand aber schon bald aus den Programmen und wurde nie wieder aufgeführt. Auf der ganzen Welt gibt es kein Video davon. Er wurde nie im Fernsehen gezeigt. Als Opfer einer böswilligen hollywoodinternen Querele schmort er in irgendeiner dunklen Asservatenkammer vor sich hin.

[…] Wer den Film kennt, beschreibt seine Lieblingsszenen: der Anfang, ein schneeweißer Wohnturm mit Swimmingpool direkt am Hafen, das wahnsinnige Picknick im Hinterland, bei dem der Vater vergeblich versucht, seine beiden Kinder umzubringen, der plötzliche Selbstmord des Vaters vor einem brennenden VW, die verzweifelten Kinder im Angesicht der ungeheuren Wüste, das Mädchen (die 16-jährige Jenny Agutter), wie es seine Schuluniform auszieht, die Einstellung, in der eine Ameise vor weit entfernten, winzigen Kindern riesengroß erscheint, wie auch vor allen anderen Geschöpfen, die im Hinterland ihren Weg kreuzen – Schlangen, Eidechsen, Vögel, Käfer, Kängurus, Koalas, Kamele –, die Entdeckung von Wasser unter dem

Quondong-Baum, wonach die Prüfung der Prozession ins Paradies wird, als sie alle zusammen nackt in den Teichen von sonnigen Oasen schwimmen, die Schlussszene in den Ockerfarben der Landschaft, das zerstörte Haus mit dem Kuriositätenkabinett, der Tanz des liebestollen Aborigine, der mit seinem Selbstmord endet, der Wahnsinnige mit seiner adretten Schürze, der in der Geisterstadt die Kinder anheult – „Nichts anfassen!" – und keine Erlösung, kein konkretes Ende, nur (anscheinend Jahre später) eine Rückkehr in den Wohnblock, mit einem Unterton des Bedauerns.

Das ist alles, jedenfalls fast alles, außer dem Bann, in den der Film mich gezogen hat. Auf scheinbar bescheidene Weise erfasst er Australien als Ganzes, fast alle Formen seiner Landschaft, sein unvergleichliches Licht, seine Betrunkenen und Desperados, all seine Mängel, von seiner schönsten Stadt bis zum heißen, roten Inneren. Ein Kunstwerk, besonders ein Roman oder ein Film, der einen starken Ortsbezug hat, ist so etwas wie die Quintessenz einer Landschaft, es fixiert sie ein für allemal in der Vorstellungswelt.

Der Regisseur war ein Abenteurer, der die Schwierigkeiten und technischen Probleme beim Drehen am Ort zu genießen schien. Er blieb Sieger über Schlamm, Staub, Regen, Hitze, unpassierbare Straßen und Deserteure vom Team.

„Ein paar sind nachts total durchgedreht und haben angefangen, Sachen kaputt zu schmeißen", erzählte er mir. „Sie haben die Isolation nicht ausgehalten. Einer von den härtesten *sparks*, den Elektrikern, ist abgehauen, der Kulissenschieber hat einen Anfall gekriegt, der Koch ist verrückt geworden und hat sich auf einen Stuhl neben die Landebahn gesetzt. Im Outback war das. Er ist grußlos abgeflogen. Die hatten alle Angst vor der großen Leere."

Der Film schien mir die Quintessenz Australiens zu enthalten, auch den seltsamen, ruppigen Humor, besonders in der Szene, die in einer verlassenen Grubenstadt irgendwo im Hinterland spielt: Ein Wahnsinniger, der dort hängengeblieben ist, steht mit einer Schürze bekleidet in einem verfallenen Gebäude und bügelt ein Paar Hosen.

„Ayer's Rock kommt nicht drin vor", sagte Roeg. „Jeder hätte das erwartet. Ich war wild entschlossen, einen Film im australischen Busch zu drehen, in dem Ayer's Rock nicht vorkommt. Aber alles andere ist drin."

Und es war der erste Spielfilm, in dem ein Aborigine eine Hauptrolle übernahm. David Gulpili war Laiendarsteller und hatte wahrscheinlich in seinem ganzen Leben noch keinen Film gesehen. Er war damals ungefähr 15 Jahre alt, ein Tänzer aus einem Reservat irgendwo im Norden von Arnhem-Land.

Ich wollte das Australien der Aborigines sehen. Auf den Spuren des Films *Walkabout* nach Woop Woop ins hinterste Hinterland zu gehen hieß, eine Wanderschaft im Sinne der Aborigines zu unternehmen: sich aufzumachen, um die alten Träume und heiligen Plätze zu suchen.

Der botanische Garten von Sydney war kaum zu verfehlen, und man kann sich dort unter den großen Baum setzen, von dem aus, in einer der Eingangszenen, der kleine Junge nach Schulschluss zur Woolloomooloo Bay läuft. Sein Zuhause am Hafen, der Wohnblock mit dem Swimmingpool, war schwieriger zu finden. Ich wusste, dass er am Wasser lag, und einmal sieht man auch die Sydney Harbour Bridge in der Ferne, aber es gab keine anderen optischen Anhaltspunkte.

Da ich vermutete, dass sich der Wohnblock am äußeren Ende des Hafens befand, nahm ich die Fähre nach Manly und suchte unterwegs das Ufer ab: die Nordseite auf dem Hinweg, die Südseite bei der Rückfahrt. Jeder Besucher von Sydney tut gut daran, schon bald nach seiner Ankunft mit der Fähre nach Manley zu fahren, um sich einen Überblick zu verschaffen. Es ist eine lange, nicht besonders teure Fahrt den gesamten Hafen entlang, von Sydneys Circular Quay bis zum

fernen Manly, einem Städtchen aus der Jahrhundert-
wende, am Meer, mit Kaffeehäusern und Palmen, das
dem Hafen den Rücken kehrt und die Brandung in
einer schönen Bucht überblickt.

Die properen und adretten kleinen Häuschen von
Manly heißen „Camelot" oder „Waldblick". Die Stadt
bekam ihren Namen von einem frühen Siedler, der die
örtlichen Aborigines für schöne Exemplare der Gat-
tung Mensch (*man*) hielt. Heute gibt es hier allerdings
keine Aborigines mehr. *Manlyness* ist, im Rekurs auf
die Stadt Manly, der Inbegriff australischen Wohl-
lebens: ein gemütliches, warmes Ziegelhäuschen am
Meer, mit einer Ligusterhecke und einer Palme davor.

Hier und da lagen zarte, sterbende Quallen am
Strand von Manly. Sie waren winzig und blau, so dünn,
so leuchtend und so schön geformt, dass sie mich an
kleine chinesische Seidentaschentücher erinnerten.
Auf den Wellen dahinter surften ein paar Jungen, sehr
passend, denn der erste Surfer, ein Insulaner von den
Neuen Hebriden, ritt 1890 hier in Manly zum ersten
Mal auf den Wellen – mit dem Körper. (Surfbretter
wurden erst 1915 in Australien bekannt, als der große
hawaiianische Surfer und Olympiaschwimmer Duke
Kahanamoku die Technik ins Land brachte.)

Manlyaner, die von hier zu ihren Arbeitsplätzen in
der Stadt pendelten, sahen von beiden Welten nur die
Schokoladenseite, der verzweifelte Vater in *Walkabout*
aber hatte offenbar nicht zu ihnen gehört. Ich wanderte
von einem Ende des Orts zum anderen und konnte den
weißen Wohnblock nicht ausmachen. Er war auch über
keiner der vielen Buchten im Hafen zu sehen gewesen.

„Sie suchen die Nadel im Heuhaufen", sagt eine
Frau, als ich mich mehr in Richtung Zentrum umsah,
zwischen den tanzenden Segelbooten.

Und dann erklärte sie mir, warum. In den 20 Jahren, die vergangen waren, seit der Film gedreht wurde,
war Sydney reich geworden: Heutzutage gibt es viele
elegante Wohnblocks, viele Swimmingpools am Meer.

Vielleicht sei er abgerissen worden, meinte sie. Das ist noch ein Gesichtspunkt bei einem Film mit starkem Ortsbezug: Er ist Geschichte, die Vergangenheit.

Grahame Jennings, ein Filmproduzent aus Sydney, der an den Dreharbeiten zu *Walkabout* beteiligt war, erinnerte sich, dass der Wohnblock draußen bei Yarmouth Point, hinter Rushcutter's Bay gewesen war.

Mein Taxifahrer war Kambodschaner, politischer Flüchtling („ich wäre überall hingegangen, bloß nicht nach China"), seit sechs Jahren in Australien, aber kaum ein Jahr hinter dem Steuer. Er hatte seinen Führerschein nur mit Mühe bekommen. Seine Ortskenntnis war mangelhaft. Er gab zu, dass er als Taxifahrer ein kleines Handicap habe. Australische Fahrgäste beschimpften ihn oft: „Sie sagen: ‚Du saublöd.' Aber ich lache. Mir egal. Das ist ein schönes Land."

Ich streifte durch die Straßen hinter dem Hafen, machte einen Bogen die Yarranabee Road hinauf und sah endlich ein vertrautes Gebäude – den Wohnblock aus dem Film, mit einigen Veränderungen. Darunter, am Ufer, der grünlichblaue Swimmingpool. Ich gratulierte mir zum Erfolg meiner Detektivarbeit und dachte gleichzeitig darüber nach, welches Glück all diese Leute hatten, die um den Hafen von Sydney herum wohnten. Die Nischen und Winkel seiner Umrisse machen die Ufer zu einer der längsten Immobilien der Welt.

[…] „Der Kinostart von *Walkabout* war ziemlich ruhig", erzählte Grahame Jennings. „Ich hab die Kritiken gesammelt. Von weltweit insgesamt ungefähr 30 waren vier schlecht, und drei davon stammten von australischen Kritikern."

„Warum von Australiern?", fragte ich.

„*Tall poppy syndrome, die Riesenmohn-Krankheit.*"

Jeder, und wenn er sich auch nur kurz im Lande aufhält, hört irgendwann diesen seltsamen Satz, der nichts weiter bedeutet, als dass Menschen, die es in Australien zu etwas bringen oder sich auf irgendeine

Weise hervortun, mit wütenden Angriffen seitens neidischer australischer Landsleute rechnen müssen. Es gibt den Ausdruck auch als Verb: „*to be tall-poppied*" bedeutet, dass man auf sein wahres Maß zurückgestutzt wird. Genau aus diesem Grund wurde Patrick White trotz – oder gerade wegen – seines Nobelpreises „unbedeutende, meckernde alte Tunte" genannt. Diese unbarmherzige Nationaleigenschaft gilt als Hauptgrund dafür, dass so viele begabte Australier in Länder auswandern, in denen sie (das behaupten sie jedenfalls) angemessen behandelt werden.

„In einer Kritik stand: ‚Mit welchem Recht kommt dieser Ausländer daher und macht einen Film über Australien?'"

„Blödsinn."

„‚Zu viele Widersprüche bei den Ortsangaben im Film', stand in einer anderen. ‚Ins Hinterland kommt man nicht, wenn man einfach mit dem Auto in Sydney losfährt …'"

Kommt man doch. Ob man der verzweifelte betrunkene Vater ist, der seine Kinder erschießen will und in der Yarranabee Road mit ihnen losfährt oder einfach in Sydney zu Besuch ist, ein Mietauto hat und sich nach freier Landschaft sehnt. In beiden Fällen biegt man in die George Street ein, fährt immer weiter und folgt zunächst einmal den Schildern Richtung Parramata. In diesem ausufernden Vorstadtbrei voller sonnenverbrannter Bungalows, jeder mit seiner eigenen Eidechse, seiner eigenen verdorrten Hecke und seinem eigenen, merkwürdig riechenden Lantanenstrauch (der allerdings meistens nach Katze stinkt), zwischen Discountläden und miesen Hotels, Getränkemärkten und Gebrauchtwagenhändlern mit lauten, schlaff herabhängenden Werbespruchbändern, in Emu Plains und Blacktown, fast bis zu der Stelle, an der die Straße bergan in die ersten bewaldeten Hänge der Blue Mountains führt, versteht man den angewiderten Unterton, mit dem Sydneys Bürger die Worte „westliche Vororte" herausknurren.

Über die lange ansteigende Strecke nach Katoomba gelangte ich in eine andere Landschaft: bergig, kühl, grün, mit Schluchten und Canyons. Die Eukalyptusbäume waren Pinien gewichen. Von der Höhe dann führte ein langer Weg abwärts nach Lithgow und nach ein paar weiteren Kilometern fühlte ich mich wirklich wie im Land des Sonnenuntergangs. Hier, bei Wallerawang am Great Western Highway, knapp zwei Stunden westlich von Sydney, fand ich den Beweis: Ein großes braunes Känguru lag tot neben der Straße.

Nach Dubbo, woher Alf stammen könnte, der Aborigine in *Die im feurigen Wagen*, fährt man weitere zwei, drei Stunden, nach Bourke sind es noch vier oder fünf. Aber da draußen im Westen von New South Wales, wo sich die Straße nach Bourke im Norden und Wilcannia weiter im Westen gabelt, hat man sein schlichtes Ziel erreicht: Man ist an einem einzigen langen Tag von Sydney ins Hinterland gefahren. „Hinter Bourke" ist eine australische Bezeichnung für jeden schlecht erreichbaren Ort, aber es gibt noch Dutzende andere. Das Australische hat sicher mehr Umschreibungen für das Nirgendwo (*outback, way back, back o'sunset, behind death o'day, Woop Woop* und so weiter) als jede andere Sprache, wohl einfach schon deswegen, weil es in Australien mehr Ferne und mehr leeren Raum gibt als in den meisten anderen Ländern. All diese Ausdrücke sind wie kleinlaute, einsame, verlorene Hilferufe. Sie sprechen von einer Einsamkeit, die auf dieser riesigen Insel das gleiche sein kann wie Verbannung.

Kurz vor Dubbo verleiten mich magische Ortsnamen auf der Landkarte zu Umwegen in Orte, die Wattle Flat, Oberon oder Budgee Budgee (rechts abbiegen in Mudgee) hießen, wo ich weiter nichts tat, als mir die kleinen runden Hügel, die munteren Schafe und die Eukalyptusbäume anzusehen. Man kann sich kaum etwas Schöneres vorstellen als diese kleinen Dörfer in Australiens Hinterland, das jetzt, im Frühlingsmonat September, kühl und grün war.

Ich war auf halbem Weg nach Woop Woop und brachte auch den Rest der Strecke hinter mich, bis nach Alice Springs im toten roten Zentrum der Insel Australien.

[...] Alice Springs liegt inmitten dieser roten Höhenzüge, eine zusammengewürfelte, einstöckige kleine Stadt, Endstation der Eisenbahn, Straßenkreuzung und Zusammenfluss dreier Flüsse – allerdings wieder nur *billabongs*, denn es gibt keinen Tropfen Wasser in ihnen, nur heißen Sand, schiefe Eukalyptusbäume und Aborigines, die familienweise an den wenigen schattigen Flecken hocken. Der Todd River ist der breiteste und zugleich der trockenste. Wie viele australische Flüsse – nur wenige enthalten wirklich Wasser – sah er aus wie eine schlechte Straße, allerdings breiter als die, die ich gesehen hatte. Es heißt, wer dreimal Wasser im Todd Rover gesehen hat, kann sich zu den Einheimischen rechnen.

Ich lief in der Stadt herum, merkte mir die Treffpunkte der Aborigines und plauderte mit den Leuten.

„Ich bin kein Rassist, ich kann bloß keine Abos ausstehen."

Diese glatte, überall zu hörende Absurdität wurde mir gleich am ersten Tag in Alice Springs von einer Frau unterbreitet. Als ich sagte, ich sei in die Stadt gekommen, um ein paar Aborigines kennenzulernen, geriet sie in Wallung. Was sie sagte, verdient aufgeschrieben zu werden, denn so viele andere Leute sagten das gleiche, allein der Tonfall variierte zwischen Trauer und Tobsucht.

„Sie saufen. Sie sind ständig besoffen und hängen in der Stadt rum. Sie sind schlampig und dumm. Die Kleider hängen ihnen in Fetzen runter, dabei haben sie Geld! Sie prügeln sich andauernd, und manchmal sind sie wirklich gefährlich."

Für solche Tiraden hatte ich meist nur ein trauriges Lächeln übrig, denn die Beschreibung passte genau auf etliche weiße Australier, die ich gesehen hatte. Ich konnte nie ganz ernst bleiben, wenn einer von diesen

ledrigen Kerlen sich oberlehrerhaft über die Trinkge-
wohnheiten der Aborigines ausließ, wo sie doch selbst
das lebendigste Vorbild dafür abgegeben hatten.

„War mal 'n Schwatter, der hatt 'n Job bei Kerrys
Altem als Viehhüter draußen bei Adelaide. Dann isser
abgehauen und auf Tour gegangen, *walkabout*. Nach
anderthalb Jahrn kommt er zurück und fragt: ‚Wo iss
mein Job?‘“

Der Sprecher, Trevor Dingsbums, knetete seinen
fettigen Hut. Er war barfuß, ein tätowierter, wilder
Schlägertyp, der seine drei herumtobenden Kinder
knuffte und Kerry anknurrte. Er hielt eine Magnum-
Bierflasche in der Faust, Marke Castlemaine Four X.

Am liebsten hätte ich laut losgelacht, denn das war
schon wieder ein weißer Australier, der den Aborigines ihre rohen Sitten vorhielt, sich selbst aber um keinen Deut besser benahm – nur, dass er wie alle weißen
Australier dabei einen Hut trug, vorzugsweise das Filz-
modell *Schweißfrei* der Firma Sewell's, und zu manchen Jahrszeiten außerdem einen braunen, knöchel-
langen Regenmantel vom Typ *Knochentrocken*.

„Wir sind keine Rassisten mehr“, sagte Trevor. „Die
sind die Rassisten!“

Es stimmte, dass Trevor, ein *ringer*, ein grober
Schafscherer war, ein *ocker*, ein Buschtrottel, ein *red-
neck*, aber ich hatte die gleiche Leier in etwas hübsche-
ren Formulierungen von feinsinnigen und gebildeten
Menschen in Sydney und Melbourne gehört, und eine
wohlerzogene Dame in Perth hatte mir erklärt: „Alle
Abos lügen.“

Ich ermunterte Trevor dazu, ein wenig in seinen Erin-
nerungen zu kramen, und er sagte: „Früher sind wir
immer hier nach Alice Springs raufgekommen und
haben uns mit den Schwatten gekloppt. Naja, es gibt auch
'n paar erstklassige Typen dabei. Manche von denen sind
die nettesten Kerle, die du dir vorstellen kannst.“

„Aber die kommen auf ganz komische Ideen“, sagte Kerry, seine Frau. „Wir sind gerade am Ayer's Rock

gewesen. Da ham wir 'n Schwatten getroffen, der gesagt hat, er würd keinen Fuß draufsetzen. Das wär, wie wenn man auf dem Bauch von 'ner Schwangeren rumklettert. Er hat zu mir gesagt: ‚Der Berg ist die Schwangerschaft der Erde – wölbt sich da genauso raus.' Jaja, aber am Ayer's Rock warn jede Menge Schwatte, die hingen besoffen da rum und ham nich ausgesehen, als ob sie sich groß Gedanken machen."

„Vielleicht waren die gerade auf *walkabout*?", fragte ich.

„Ja, die verschwinden", sagte Trevor. „Die werden verrückt."

Die allgemeine Ansicht war, dass die Aborigines irgendwann aus der Fassung gerieten, sich in einem schweren manischen Anfall aus dem Staub machten und dann endlos im Outback herumgeisterten.

Die Aborigines, die ich fragte, stritten das ab, und alle waren sich über die Bedeutung des *walkabout* einig.

„Es bedeutet *gehen*", sagte Roy Curtis. Roy war ein Aborigine vom Clan der Walbiri aus Yuendumu, 400 Kilometer weiter nordwestlich.

Das Wort wird im schlichten Sinn von „gehen" gebraucht, den es zum Beispiel auch im Psalm 23 im Pidgin der Aborigines hat: *„Big Name makum camp alonga grass, takum blackfella walkabout longa, no frighten no more hurry watta."* *„Der Herr ist mein Hirte, mir wird nichts mangeln. Er weidet mich auf einer grünen Wiese und führet mich zum frischen Wasser."*

Flüsterstimme Roy Curtis mit dem dicken weißen Bauch, dünnen Beinen und langen Wimpern war nebenberuflicher Maler von Tüpfelbildern. Er wartete unter den Eukalyptusbäumen in Alice Springs auf Schadenersatz – von dem „Idioten", der sein Auto zerlegt hatte.

„Es heißt *nach Hause gehen*", sagte er in einem Ton, als täte er nichts lieber als das.

„Das Wort hat einen besonderen Sinn", sagte Darryl Pearce, der Direktor des Institute of Aboriginal Development. „Es bedeutet, dass jemand in den Outback aufbricht, um zeremonielle oder familiäre Dinge zu erledigen, heilige Stätten zu besuchen und mit Menschen aus seiner eigenen Nation zusammen zu sein."

Ich hatte mein Auto stehen lassen und zu Fuß ein trockenes Flussbett durchquert, um zu Darryls Büro zu gelangen. Der Fluss, ein Nebenfluss des Todd, war randvoll mit leeren Bierdosen und Weinflaschen, die Aborigines dort hinterlassen hatten. Unter den Eukalyptusbäumen am Ufer fanden sich hier und da kleine verlassene Lager, lagen löchrige Decken und Papierfetzen herum.

Zwei Aborigines saßen reglos, wie in Bronze gegossen, unter einem Eukalyptusbaum, ein Mann und eine Frau, die sich an den Händen hielten. Mit dem Mann, der Eric hieß, sprach ich über den Plan, einen der Flüsse einzudämmen. Das Thema lieferte zu der Zeit viel Zündstoff unter den Aborigines von Alice Springs: Wenn der Plan durchkam, würde eine ihrer heiligen Stätten unter Wasser gesetzt.

„Wie würden Sie das finden, wenn die Abtei von Westminster zerstört würde?", argumentierten ein paar, die nach einem Vergleich suchten.

Als Antwort darauf bekamen sie Dinge zu hören wie: „Dieser Platz ist ungefähr so heilig wie Fliegenscheiße."

Heilige Stätten gab es in der ganzen Stadt. Eine bestand aus einem eingezäunten Felsen, der wie ein kleiner Asteroid aus einem Parkplatz herausragte, direkt beim gleichnamigen Pub: The Dog Rock Inn – Zum Hundefelsen.

Was war wichtiger – ich fragte diese beiden Leute, die am Ufer des trockenen Flusses saßen –, die Stadt vor Überschwemmungen zu retten oder die heilige Stätte zu erhalten?

„Die Stätte erhalten, denke ich", sagte Eric.

Ich ging hinüber zum Institut, wo ich von Darryl eine wütende Version dieser Ansicht hörte.

Zum Wort walkabout meinte Darryl, er verstehe seinen tieferen Sinn sehr gut, weil er selbst ein Aborigine sei. Ich hätte es nicht gemerkt. Er war blässlich, sommersprossig, etwas untersetzt und hatte kurz geschnittenes, braunes Haar. Ein Ire, hätte ich vermutet. Er sah nicht anders aus als die Säufer, Ladenbesitzer und Taxifahrer, die die Aborigines als *boongs* und Faulpelze beschimpften.

„Der Ausdruck ‚Halb-Aborigine' ist Blödsinn", sagte Darryl. „Entweder ist man einer oder nicht. Das ist keine Frage der Farbe, sondern der Identität. Bei uns gibt es alle Hautfarben."

Seine Mutter war eine reinblütige Aborigine gewesen: ein Elternteil ein Mudbara aus den Barkly Tablelands, der andere ein Aranda aus der Gegend von Alice Springs.

„Man fragt uns immer, warum wir so wütend sind", sagte er.

Ich hatte ihn nicht gefragt. „Wütend" war nicht das Wort, das mir zu den Aborigines eingefallen war, die ich bisher getroffen hatte: Sie waren mir eher verlassen und verschreckt vorgekommen.

„Wir leben seit 40 000 Jahren in Australien, und was hat uns das gebracht? Bis 1960 durfte laut Gesetz kein weißer Australier einen Aborigine heiraten. Wir hatten keine Rechte. Bis 1964 war es den Aborigines verboten, Alkohol zu trinken oder zu kaufen, und wer einem Aboriginal welchen verschaffte, konnte mit Gefängnis bestraft werden. Bis 1967 waren wir noch nicht einmal australische Bürger."

„Wenn die Aborigines keine Bürger waren, was waren sie dann?"

„Wir waren Mündel des Staates. Der Staat hatte die vollkommene Verfügungsgewalt über uns", sagte Darryl. „Erst der Volksentscheid von 1967 hat uns die Bürgerrechte verschafft. Aber wäre es nicht sinnvoller gewesen, wenn man uns gefragt hätte, ob wir überhaupt Bürger werden wollten? Keiner hat uns gefragt."

„Ist es nicht besser, wenn man Bürger und nicht Mündel eines Staates ist?"

„Wir wollen keins von beidem sein. 1967 hat man uns etwas genommen. Es war der schwärzeste Tag unserer Geschichte."

Bevor ich ihn noch fragen konnte, und das wollte ich eigentlich, weil ich nicht begriff, wieso er den Besitz der bürgerlichen Rechte als etwas Bedrohliches ansah, fuhr er fort: „Wir bezahlen für Dinge, die wir nicht benutzen. Man bietet uns vieles an, aber was sollen wir damit? Wir haben Anspruch auf so viele Dienstleistungen, die uns nichts bedeuten. Wir schwimmen nicht im Strom mit. Es spielt keine Rolle, ob man uns Straßen und Schulen und Krankenhäuser baut, wenn wir sie nicht wollen."

„Was wollen Sie denn dann?"

„Unser Ziel ist eine selbstbestimmte Zukunft", sagte er. „Wir wollen unsere eigenen Entscheidungen treffen."

Die Aborigines hatten keine Macht, und sie in diesem machtlosen Zustand zu belassen, das sei die verdeckte Absicht hinter etlichen politischen Entscheidungen der Regierung, sagte er.

„Denken Sie nur an die Sprachen der Aborigines – was wissen Sie darüber?"

Ich sagte, ich sei im Central Land Council in Alice Springs gewesen, da ganz offensichtlich viele Forderungen der Aborigines mit der Frage des Landbesitzes zu tun hätten, und dort hätte ich einen Beamten nach den Aborigines-Sprachen gefragt. Wie viele es im Northern Territory, seinem eigenen Gebiet, gebe?

„Dutzende", hatte er gesagt, und dann: „250 vielleicht?"

Er hatte keine Ahnung. Später erfuhr ich, dass es 200 Jahre zuvor, zur Zeit der ersten Siedler, 500 gesprochene Aborigines-Sprachen gab. Nur ein Bruchteil davon ist noch in Gebrauch.

„An australischen Schulen werden unsere Sprachen nicht unterrichtet", sagte Darryl. „Und warum nicht? Weil wir dadurch Macht bekommen würden. Man müsste uns ernst nehmen. Das Ganze ist absurd.

Ein australischer Schüler kann Französisch, Deutsch, Italienisch, Griechisch, sogar Japanisch wählen – ausgerechnet! –, aber keine Aboriginal-Sprache."

[…] „Ich habe von weißen Australiern die Ansicht gehört, dass mit der Zeit ein Assimilationsprozess stattfinden wird und …"

„Assimilation ist ein Reizwort. Wir wollen uns nicht anpassen. Warum auch?"

Mir schien, dass Darryl selber, der so irisch aussehende Darryl, längst angepasst war. Aber ich sagte: „Ich kenne die Argumente nicht. Aber wollen Sie denn Apartheid – eine getrennte Entwicklung?"

„Dieses ganze Land ist unser Grund und Boden", sagte Darryl. „Weiße brauchen Genehmigungen, um unser Land zu betreten. Und jetzt sagen sie, dass wir Sondergenehmigungen brauchen, um in die Stadt zu gehen. Dabei gehört das Land uns!"

[…] Ich wollte ein Reservat sehen. Man hatte mir gesagt, dazu brauchte ich eine spezielle Genehmigung, aber ich fuhr einfach nach Amungoona, ein Reservat außerhalb von Alice Springs, und fragte den zuständigen Mann – Ray Satour, früher Baggerführer, jetzt Häuptling –, ob ich mich umsehen dürfe.

„Klar doch, Kumpel", sagte er. Ich sollte mir vor allem die Tennisplätze, das Schwimmbad, die Sporthalle und die neuen Häuser ansehen.

Warum war er so stolz darauf? Das Reservat von Amungoona war eingezäunt, runtergewirtschaftet und sah aus wie eine Kreuzung zwischen Hühnerfarm mit Freigehege und Gefängnis ohne Sicherheitstrakt. Es war sehr schmutzig. Die Tennisplätze waren vergammelt, im Swimmingpool war kein Wasser, die Sporthalle war eine Ruine und die Häuser sahen nicht besser aus. Mir war das Ganze ein Rätsel.

Ich überlegte, vielleicht sollten die zuständigen Behörden weniger Swimmingpools bauen und stattdessen mehr Eukalyptusbäume pflanzen, damit sich die Aborigines druntersetzen konnten? Es war sicher kein Zustand, wenn so gut wie kein Weißer eine der verschiedenen Aborigines-Sprachen beherrschte – und das in einem Land, in dem zwei Drittel der Ortsnamen sich aus diesen Sprachen herleiteten. So etwas konnte nur zu Entfremdung und bösem Blut führen.

[…] Dass ich Ausländer war, half in vielerlei Hinsicht. Manchmal fühlten sich die Australier dadurch aufgefordert, mir Ratschläge zu geben. Immer wieder musste ich feststellen, dass die Australier, das weltoffenste Volk der Erde, voller Vorsichtsmaßregeln und Ängste steckten. Sie warnten einen vor der Sonne, dem Meer, den ekligen Krabbeltieren und dem, was sie *bities* nennen, den Schlangen, Spinnen, giftigen Quallen und Krokodilen, vor Kängurus, die durch die Windschutzscheibe donnern, und Wildschweinen, die einem das Mittagessen stehlen. Es ist eine Tatsache, dass die australische Wüste mehr Arten von Reptilien beherbergt (250, und viele davon giftig) als jede andere Wüste der Welt, und es ist ebenfalls wissenschaftlich erwiesen, dass die Taipan-Schlange das giftigste Reptil der Erde ist: Ihr Biss tötet in Sekunden. Aber all das sollte niemanden ernsthaft davon abhalten, sich zu Fuß oder auch auf allen Vieren im Outback zu bewegen.

[…] Ich war hergekommen, weil ich mich selbst auf den *walkabout* gemacht hatte, um einige der leeren Gegenden Australiens genauer kennenzulernen, und ich begriff, dass dieses Land nicht nur hinreißend schön war, sondern tatsächlich einzigartig, voller wilder Geschöpfe, die genauso seltsam waren wie die Menschen – voller Glattechsen, Schlangen, Nattern und Wespen. Manche davon sah ich lebendig, ein paar Meter neben der roten Staubpiste, andere plattgefahren mitten auf der Straße nach Tennant Creek, und über viele gab es Horrorgeschichten.

Manche der hässlichsten Tiere waren harmlos, wie zum Beispiel der grauenhaft aussehende Wüstenteufel oder Moloch, der eigentlich ein unschuldiger Kasper voll Stacheln und Schuppen ist. Die Netz-Braunschlange, die zweitgiftigste der Welt, sieht wiederum überhaupt nicht spektakulär aus. Dann gab es noch *Spencer's goanna* mit seinem faltigen gelben Bauch und der schwarzen Zunge, den Dornschwanzskink, eine Stachelechse mit einem feisten, dornigen Hinterteil, und den Horn-Blattschwanzgecko, der so platt ist, dass es den Anschein hat, als wäre er schon zu Lebzeiten von einem Auto zermatscht worden. Die Kragenechse sieht aus wie die Eidechsenausgabe von Bozo, dem Clown, und die Wüsten-Todesotter lockt und täuscht ihr Opfer mit ihrem hakenbewehrten Schwanz. Wenn man langsam fuhr, konnte man am Straßenrand eine Art Bartagame lauern sehen, ein geduldiges Geschöpf, das dahockte und sich mit Insekten vollschlug, die vorbeifahrenden Autos zum Opfer gefallen waren. Die Teppichpython ist ein Nachtjäger. Sie hat Wärmerezeptoren im Kopf und reagiert wie eine Peitsche, sodass sie blind eine Fledermaus fangen kann.

Die Aborigines hatten gelernt, mit diesen Tieren zu leben. Manche fingen sie, enthäuteten sie und aßen sie roh, andere warfen sie ins Feuer, ließen sie drin, bis sie aufplatzten wie angekokelte Würstchen und stopfen sie sich dann in den Mund. Sie hatten keine Angst vor Schlangen. Sie glaubten, mit ihnen verwandt zu sein – wie mit den Kängurus, mit der ganzen Erde: Sie sahen nicht, wo die Erde anfing und ihr Leben endete. Alles war Teil eines Kontinuums, eines natürlichen Kreislaufs, in dem sie, versehen mit den Segnungen der Götter, zusammen mit Felsen, Steinen und Bäumen ihre Bahn zogen.

Mit dem Taipan und der Todesotter kamen sie gut zurecht. Ihr Problem waren die weißen Australier.

„Es ist sehr wenig unternommen worden, um [den Aborigines] ein Gefühl der Sicherheit in dem Land zu geben, in das wir eingedrungen sind", schrieb Patrick White am Australia Day des Jahres 1988, dem Jahr der Zweihundertjahrfeier. „Trotz allerhand geschwätziger, gesichtswahrender Augenwischerei, die der Premierminister – einer der größten Schwachköpfe der Geschichte – noch schnell von sich gegeben hat, dürfen die Aborigines zwar nicht mehr, wie noch in den frühen Tagen der Kolonisierung, erschossen und vergiftet werden, aber es gibt subtilere Möglichkeiten, sie loszuwerden. So kann man sie durch die psychischen Qualen, die sie in Gefängniszellen erleiden, in den Selbstmord treiben. Und für alles dann Alkohol und Drogen verantwortlich machen, wovon manche tatsächlich abhängig sind: Sie haben es von den Weißen gelernt. In einer Stadt wie Walgett beispielsweise kann man ehrenwerte weiße Figuren an hohen Festtagen durch die Straßen schwanken sehen. Wenn ich dort als Junge bei meinem Onkel auf seiner Schaffarm am Barwon zu Besuch war und er mich in seinem offenen Wagen an den Slums am Stadtrand vorbeifuhr, sagte er immer: ‚Für diese Leute kann man nichts tun.‘“

Die Selbstmordrate unter inhaftierten Aborigines ist erschreckend: Eine Gefängniszelle ist für einen Aborigine die Hölle auf Erden, und wenn er nüchtern aufwacht, nachdem er wegen Trunkenheit eingesperrt wurde – oder wegen des bloßen Besitzes von Alkohol (es genügt, mit Alkohol im Umkreis von 100 Metern von einem Getränkemarkt erwischt zu werden) –, wenn er sich also plötzlich hinter Gittern wiederfindet, ist das solch ein Alptraum für seine Nomadenseele, dass viele sich noch in der kleinen, stickigen Ausnüchterungszelle erhängen, bevor Schuld oder Unschuld je bewiesen werden können. Bei jüngeren Aborigines allerdings ist Trunkenheit nicht der häufigste Grund für einen Einstieg ins Strafregister. Verhaftet werden sie im Allgemeinen wegen kleinerer Straftaten, Erregung öffentlichen Ärgernisses, Eigentumsdelikten, Einbruch und Fahrzeugdiebstahl – Straftaten, auf die in Australien Weiße das Monopol haben. Im normalen Leben bringen Aborigines sich nicht um, obwohl ihre Selbstmorde hinter Gittern durchaus den Schluss nahelegen könnten, sie knüpften sich auch draußen in einer Art Todessehnsucht scharenweise an den Eukalyptusbäumen auf. Das ist nicht der Fall. Sie tun es, weil man sie einsperrt.

Kein Zweifel, alkoholsüchtige Aborigines sind zu einem Problem geworden. Aber sind sie ein größeres Problem als weiße Betrunkene? Abgesehen von der vielleicht einzigen Ausnahme, nämlich Finnen im Winter, habe ich in meinem Leben nur in Australien so viele schwarze und weiße Menschen gesehen, die sich mit so viel Hingabe vergiften. Trinken ist sozial nicht geächtet, jedenfalls nicht mehr als Pöbelei beim Football, obszöne Rugby-Gesänge oder das seltsam verletzende Benehmen, das in Australien als besondere Form von Kumpelhaftigkeit gilt – wobei *mate-ship*, die Kumpanei, eine der Triebfedern des Landes ist. Im Allgemeinen gilt ein Nichttrinker in Australien als wesentlich größere Störung oder gar Bedrohung als ein schreiender, kotzender Besoffener.

Warum also, fragte ich mich, warf man in diesem trinkenden und betrunkenen Land den Aborigines ihre Trunksucht vor? Vielleicht war es ihre Freudlosigkeit. Die gesamte australische Langeweile und Verzweiflung nahm in den trinkenden Aborigines Gestalt an. Sie sangen nicht, wenn sie blau waren, sie tanzten nicht und wurden auch nicht kumpelhaft. Sie würgten bloß ihr Abendessen wieder raus, fielen um und verloren in der Lache ihres Erbrochenen das Bewusstsein. Das Ganze spielte sich mit einer Art wütender Zielstrebigkeit ab, und es war keine Seltenheit, dass man Aborigines an einem Morgen unter ihrem Eukalyptusbaum einen Vier-Liter-Kanister Coolabah-Mosel wegtrinken sah – und wenn das Geld zur Neige ging, wurde es Zeit für eine *White Lady*: Methylalkohol mit Milch. Ich wusste das nur aus Erzählungen, aber es gab Statistiken, und die waren überraschend. Eine maßgebliche Untersuchung des Alkoholmissbrauchs bei allen ethnischen Gruppen in Alice Springs aus dem Juni 1990 von Pamela Lyon, im Auftrag des Tangentyere Council, kommt zu der Feststellung, dass Aborigines weniger trinken als

Weiße, dass aber der Alkohol bei ihnen stärkere Wirkung zeigt, dass sie größere physische Schäden dadurch erleiden und eher daran sterben.

Man hatte mir gesagt, dass David Gulpilil das eine oder andere zum Thema Alkoholismus unter den Aborigines würde sagen können, und als erster Aborigine-Filmstar hatte er vielleicht auch etwas zum Thema Glück und Erfolg beizutragen. Seit jenem Film hatte ich mich gefragt, was aus ihm geworden war. Regisseur und Produzenten von *Crocodile Dundee*, seinem einzigen anderen Film, hatten ihn offenbar ziemlich übers Ohr gehauen.

„Er ist *walkabout* gegangen", sagte eine Frau in Sydney. Schon wieder dieses Wort. Dann hieß es, er sei in Darwin gesehen worden und in Alice Springs. Jeder kannte ihn.

„Ich hab ihn neulich gesehen, wie er die Straße runterging", erzählte mir jemand in Sydney. „Ein großer, dünner Typ. Unverkennbar. So ein guter Tänzer."

Ich bekam eine Telefonnummer, unter der ich ihn erreichen könnte: Das Telefon stand in einem Reservat oben im Norden. Ich wählte, aber niemand meldete sich. Ich versuchte es immer wieder und dann sagte man mir, die Nummer gehöre zu einem öffentlichen Fernsprecher, irgendwo in Arnhem-Land, wieder mal ein Platz in Woop Woop. Ich hatte solche Telefonzellen gesehen: staubige, mutwillig zerstörte, mit Namen, Daten und Obszönitäten bekritzelte Kästen, die in der Sonne schmorten, der Hörer zu heiß zum Anfassen. Ich habe ihn nicht erreicht, niemand nahm ab. Wen wundert's? Aber ich stellte mir immer wieder das Telefon an seinem Holzpfosten in Woop Woop vor, wie es unter einem wolkenlosen Himmel klingelte und klingelte, und dann eine große, schwarze Gestalt weiter weg. Sie war keineswegs taub, hörte nur nicht auf das Ding und ging davon.

Alfred Brehm
Das Känguru

Die Kängurus gehören unbedingt zu den beachtenswertesten Säugetieren. An ihnen ist eigentlich alles merkwürdig: ihre Bewegungen und ihr Ruhen, die Art und Weise ihres Nahrungserwerbes, ihre Fortpflanzung, ihre Entwicklung und ihr geistiges Wesen. Der Gang, welchen man namentlich beim Weiden beobachten kann, ist ein schwerfälliges, unbehilfliches Forthumpeln. Das Tier stemmt seine Handflächen auf und schiebt die Hinterbeine dann an den Vordergliedern vorbei, sodass sie zwischen diesen zu stehen kommen. Dabei muss es sich hinten auf den Schwanz stützen, weil es sonst die langen Hinterläufe nicht so hoch heben könnte, dass solche Bewegungen möglich wären. Aber das Känguru verweilt in dieser ihm höchst unbequemen Stellung auch niemals länger, als unumgänglich notwendig ist. Selbst beim Abbeißen sitzt es regelmäßig auf den Hinterbeinen und dem Schwanze und lässt die Vorderarme schlaff herabhängen. Sobald es irgendeine Lieblingspflanze abgerupft hat, steht es auf, um sie in der gewöhnlichen Stellung zu verzehren. Bei dieser stützt es den Leib auf die Sohle und gleichzeitig auf den nach hinten fest angestemmten Schwanz, wodurch der Körper sicher und bequem wie auf einem Dreifuße ruht. Seltener steht es auf drei Beinen und dem Schwanze; dann hat es mit der einen Hand irgendetwas am Boden zu tun. Halb gesättigt, legt es sich, die Hinterläufe weit von sich gestreckt, der Länge nach auf den Boden. Fällt es ihm in dieser Stellung ein, zu weiden, so bleibt es hinten ruhig liegen und stützt sich vorn höchstens mit den kurzen Armen auf. Beim Schlafen nehmen die kleineren Arten eine ähnliche Stellung an wie der Hase im Lager: Sie setzen sich, dicht auf den Boden gedrückt, auf alle vier Beine und den der Länge nach unter den Leib geschlagenen Schwanz. Diese Stellung befähigt sie, jederzeit sofort die Flucht zu ergreifen. Das geringste Geräusch schreckt ein ruhendes Känguru augenblicklich auf und namentlich die alten Männchen schnellen sich dann, um zu sichern, so hoch wie möglich empor, indem sie auf die Zehenspitzen treten und sich mehr auf die Spitze des Schwanzes stützen.

Wenn ein Känguru irgendetwas Verdächtiges bemerkt, denkt es zunächst an die Flucht. Hierbei zeigt es sich in seiner ganzen Beweglichkeit. Es springt, wie bei jeder Beschleunigung seines Ganges, ausschließlich mit den Hinterbeinen, macht aber Sätze, welche die aller übrigen Tiere hinsichtlich ihrer Weite übertreffen. Es legt seine Vorderfüße dicht an die Brust, streckt den Schwanz gerade und nach rückwärts aus, schnellt mit aller Kraft der gewaltigen Schenkelmuskeln seine langen, schlanken und federnden Hinterbeine gegen den Boden, wirft sich empor und schießt nun in einem flachen Bogen wie ein Pfeil durch die Luft. Einzelne Arten halten im Springen den Körper waagerecht, andere mehr steil, die Ohren in einer Ebene mit dem Widerriste, während sie bei ruhigem Laufe gesteift werden. Ungeschreckt macht das Tier nur kleine Sprünge von höchstens drei Meter Weite; sobald es aber ängstlich wird, verdoppelt und verdreifacht es seine Anstrengungen. Es springt mit dem rechten Fuße ein klein wenig eher als mit dem linken ab und auf, ebenso tritt es mit jenem etwas weiter vor. Bei jedem Satze schwingt der gewichtige Schwanz auf und nieder und zwar umso heftiger, je größer die Sprünge sind. Drehungen aller Art führt das Känguru mit zwei bis drei kleinen Sätzen aus, ohne dabei ersichtlich mit dem

Schwanze zu steuern. Immer tritt es nur mit den Zehen auf, und niemals fällt es auf die Vorderarme nieder. Diese werden von verschiedenen Arten auf ungleiche Weise getragen, bei den einen vom Leibe gehalten, bei den anderen mehr angezogen und gekreuzt. Ein Sprung folgt unmittelbar dem anderen und jeder ist mindestens drei Meter, bei den größeren Arten nicht selten aber auch sechs bis zehn Meter weit und dabei zwei bis drei Meter hoch. Schon Gefangene springen, wenn man sie in einer größeren Umhegung hin- und herjagt, bis acht Meter weit. Es ist erklärlich, dass ein ganz vortrefflicher Hund dazu gehört, einem Känguru zu folgen, und in der Tat gibt es nur wenige Jagdhunde, welche dies vermögen. Auf bedecktem Boden hört die Verfolgung sehr bald auf; denn das flüchtige Känguru schnellt leicht über die im Wege liegenden Büsche weg, während der Hund diese umgehen muss. Auf unebenem Boden bewegt es sich langsamer; namentlich wird es ihm schwer, an Abhängen hinunterzueilen, weil es sich hier bei der Heftigkeit des Sprunges leicht überschlägt. Übrigens hält das laufende Tier stundenlang aus, ohne zu ermüden.

Unter den Sinnen der Kängurus dürfte das Gehör obenan stehen; wenigstens bemerkt man an Gefangenen ein fortwährendes Bewegen der Ohren nach Art unseres Hochwildes. Das Gesicht ist schwächer und der Geruch wahrscheinlich ziemlich unentwickelt. Der eine und der andere Beobachter weiß dennoch zu berichten, dass die Tiere ausgezeichnet äugen, vernehmen und wittern. Sie sind auch in hohem Grade geistlose Geschöpfe; ihnen ist selbst das Schaf geistig bei Weitem überlegen. Alles Ungewohnte bringt sie außer Fassung, weil ihnen ein rasches Übersehen neuer Verhältnisse abgeht. Ihr Hirn arbeitet langsam; jeder Eindruck, welchen sie empfangen, wird ihnen nur ganz allmählich verständlich; es bedarf einer geraumen Zeit, ihn sich zurechtzulegen. Das frei lebende Känguru stürmt bei Gefahr, oder wenn es solche vermutet, blindlings geradewegs fort, lässt sich kaum aufhalten und führt unter Umständen Sätze aus, bei denen es die starken Knochen seiner Beine zerbrechen soll, dem gefangenen Känguru erscheint ein neues Gehege im allerhöchsten Grade bedenklich. Es kann zwischen Eisengittern groß geworden sein und, auf einen anderen Platz gebracht, an diesen sich den Kopf zerschellen, wenn sein Pfleger nicht die Vorsicht gebraucht, es vorher tagelang in einen Stall zu sperren, in welchem es sich den schwachen Kopf nicht einrennen kann und gleichzeitig Gelegenheit findet, den neuen Raum sich anzusehen. Nach und nach begreift es, dass ein solcher dem früheren Aufenthaltsorte doch wohl in allem Wesentlichen entspricht, nach und nach gewöhnt es sich ein, nach und nach hüpft es sich seine Gangstraße zurecht. Nebenan sind vielleicht andere Kängurus eingestellt worden; der Neuling aber sieht in diesen anfangs entsetzliche Geschöpfe, und letztere denken genau ebenso wie er. Später freilich kämpfen Kängurus derselben oder verschiedener Art durch die Gitter hindurch heftig miteinander; denn für niedere Leidenschaften, wie Neid und Eifersucht, ist selbst ein Känguruhirn hinreichend entwickelt. Den Menschen lernt das gefangene Springbeuteltier zwar kennen; doch bezweifle ich, dass es seinen Wärter von anderen Leuten unterscheidet. Es tritt mit den Menschen überhaupt, nicht aber mit einem einzelnen, in ein gewisses Umgangsverhältnis, legt mindestens seine anfängliche Ängstlichkeit allmählich ab, gelangt aber niemals dahin, einen wirklichen Freundschaftsbund einzugehen.

Diese Ängstlichkeit ist der hervorstechendste Zug im Wesen unseres Tieres; ihr fällt es gar nicht selten zum Opfer. Nicht bloß durch Anrennen ans Gitterwerk töten sich gefangene Springbeuteltiere: Sie sterben im buchstäblichen Sinne des Wortes vor Entsetzen. Ihre Gefühle bekunden sie zunächst durch starkes Geifern, wobei sie sich Arme und Beine einnässen, oft versuchen, den Geifer abzulecken und dadurch die Sache nur noch ärger machen. Dabei laufen sie wie toll umher, setzen sich hierauf nieder, schütteln und zucken mit dem Kopfe, bewegen die Ohren, geifern und schütteln sich wieder. So gebärden sie sich, solange ihre Angst anhält. Ein Känguru, welches ich beobachtete, starb kurz nach einem heftigen Gewitter an den Folgen des Schreckes. Ein Blitzstrahl war Ursache seiner unsäglichen Bestürzung. Scheinbar geblendet, sprang es sofort nach dem Aufleuchten des Blitzes empor, setzte sich dann auf die Hinterbeine und den Schwanz, neigte den Kopf zur Seite, schüttelte höchst bedenklich und fassungslos mit dem durch das gewaltige Ereignis übermäßig beschwerten Haupte, drehte die Ohren dem rollenden Donner nach, sah wehmütig auf seine von Regen und Geifer eingenässten Hände, beleckte sie mit wahrer Verzweiflung, atmete heftig und schüttelte das Haupt bis zum Abend, um welche Zeit ein Lungenschlag seinem Leben ein Ende machte, der schneller als das Verständnis des fürchterlichen Ereignisses gekommen zu sein schien.

Bei freudiger Erregung gebärdet sich das Känguru anders. Es geifert zwar auch und schüttelt mit dem Kopfe, trägt aber die Ohren stolz und versucht durch allerlei Bewegungen der Vorderglieder sowie durch heiseres Meckern seinen unklaren Gefühlen Ausdruck zu geben. In freudige Erregung kann es geraten, wenn es nach länger währender Hirnarbeit zur Überzeugung gelangt, dass es auch unter Kängurus zwei Geschlechter gibt. Sobald eine Ahnung der Liebe in ihm aufgedämmert ist, bemüht es sich, dieser Ausdruck zu geben, und das verliebte Männchen macht nunmehr dem Weibchen in der sonderbarsten Weise den Hof. Es umgeht oder umhüpft den Gegenstand seiner Liebe mit verschiedenen Sprüngen, schüttelt dabei wiederholt mit dem Kopfe, lässt das erwähnte heisere Meckern vernehmen, welches man am Besten mit unterdrücktem Husten vergleichen könnte, folgt der sehr gleichgültig sich gebärdenden Schönen auf Schritt und Tritt, beriecht sie von allen Seiten und beginnt dann den Schwanz, dieses wichtigste Werkzeug eines Kängurus, zu krabbeln und zu streichen. Eine große Teilnahme schenkt es auch der Tasche des Weibchens; es befühlt und beriecht sie wenigstens, so oft es solches tun kann. Wenn dies eine geraume Zeit gewährt hat, pflegt sich das Weibchen spröde umzudrehen und vor dem zudringlichen Männchen aufzurichten. Das hüpft augenblicklich herbei und erwartet, scheinbar gelassen, eine verdiente Züchtigung, benutzt aber den günstigen Augenblick, um das Weibchen zu umarmen. Letzteres nimmt diese Gelegenheit wahr, um dem Zudringlichen mit den Hinterbeinen einen Schlag zu versetzen, findet aber, nachdem es wiederholt umarmt worden ist, dass es wohl auch nichts Besseres tun könne, und so stehen denn endlich beide Tiere innig umschlungen nebeneinander, schütteln und wackeln mit dem Kopfe, beschnuppern sich und wiegen sich, auf den Schwanz gestützt, behaglich hin und her. Sobald die Umarmung beendet ist, beginnt die alte Geschichte von neuem, und eine zweite Umarmung endet sie wieder. Das ganze Liebesspiel sieht im höchsten Grade komisch aus und erregt, wie billig, die Lachlust eines jeden Beschauers.

Bill Bryson
Verirrt in Sydney

Die Welt hat nicht viele feinere Plätzchen zu bieten als den Circular Quay in Sydney an einem Wochentagmorgen bei Sommerwetter. Zunächst einmal bekommt man hier einen der großartigsten Ausblicke der Erde geboten. Rechts, fast schmerzlich glänzend in der Sonne, steht das berühmte Opernhaus mit seinem kecken, kompromisslos kantigen Dach, links die fantastische, elegante Harbour Bridge. Am anderen Ufer lockt der schillernde Luna Park, ein Rummel im Coney-Island-Stil mit einem irre grinsenden Kopf als Eingang. Auf dem glitzernden Wasser vor einem wimmelt es von den dickbauchigen, altmodischen Hafenfähren, die aussehen wie den Seiten eines Kinderbuchs aus den 1940er Jahren entsprungen, das *Thomas, der Schleppkahn* heißt. Nun entströmten ihnen Massen braun gebrannter, leicht gekleideter Büroangestellter und enteilten in die Glas-Beton-Türme, die sich dahinter erhoben.

Eine Atmosphäre fröhlicher Betriebsamkeit erfüllte die Szene. Das waren Leute, die in einer stabilen, gerechten Gesellschaft leben durften, in einem Klima, in dem man stark und schön wird, in einer der tollsten Städte der Welt – und zudem durften sie auch noch über ein grandioses Gewässer in einem Schiff aus einem Kinderbuch zur Arbeit fahren und jeden Morgen, wenn sie von ihren *Heralds* und *Telegraphs* hochblickten, das berühmte Opernhaus und die begeisternde Brücke und das lachende Gesicht des Luna

Parks sehen. Kein Wunder, dass sie so verdammt glücklich wirkten.

Die Oper zieht natürlich alle Aufmerksamkeit auf sich, und das ist auch verständlich. Sie ist überraschend vertraut, man hat gleich das Gefühl, „Hey, ich bin in Sydney!", und kann den Blick gar nicht von ihr abwenden. Clive James hat sie mal mit einer „tragbaren Schreibmaschine voll Austernschalen" verglichen, was vielleicht eine Spur zu streng ist. Es geht auch gar nicht um die Ästhetik. Es geht darum, Symbol für etwas zu sein.

Dass die Oper überhaupt existiert, ist schon ein kleines Wunder. Heute kann man nur noch schwer begreifen, wie hinterwäldlerisch Sydney in den 1950ern war. Von Gott und der Welt verlassen, stand es sogar im Schatten Melbournes. Noch 1953 gab es erst 800 Hotelzimmer in der Stadt, kaum genug für eine mittlere Konferenz, und abends wusste man nicht, wohin; selbst die Kneipen schlossen um 18 Uhr. Die Begabung der Stadt zur Mittelmäßigkeit wird am besten durch die Tatsache illustriert, dass sich dort, wo die Oper heute steht, an der feinsten Stelle, die Wasser und Land bieten können, damals ein städtisches Straßenbahndepot befand.

Dann passierte zweierlei. 1956 bekam Melbourne die Olympischen Sommerspiele – wenn das kein Aufruf zum Handeln für Sydney war! –, und Sir Eugene Goossens, Leiter des Sydney Symphony Orchestra, begann für eine Konzerthalle zu werben in einer Stadt, die keine einzige vernünftige Orchesterspielstätte besaß. Derart angestachelt, beschloss die Stadt, das baufällige Straßenbahndepot abzureißen und dort etwas richtig Tolles zu bauen. Man veranstaltete einen Wettbewerb; ein Komitee städtischer Honoratioren sollten den besten Entwurf ermitteln. Unfähig, zu einem Konsens zu kommen, baten die Juroren den aus England stammenden amerikanischen Architekten Eero Saarinen um seine Meinung. Er blätterte die eingereichten Arbeiten durch und wählte eine aus, die die Juroren abgelehnt hatten. Sie war von dem wenig bekannten 37-jährigen dänischen Architekten Jørn Utzon. Zur mutmaßlichen Erleichterung des Komitees, allemal zu dessen Ehre, beugte es sich Saarinens Votum, und Utzon kriegte ein Telegramm mit der guten Nachricht.

„Der Entwurf war", in den Worten John Gunthers, „kühn, einzigartig, hervorragend ausgewählt und – versprach von Anbeginn an Ärger." Das Problem war das berühmte Dach. Etwas derart Schräges, Kopflastiges war noch nie gebaut worden und man war sich keineswegs sicher, dass es gebaut werden konnte. Im Nachhinein betrachtet war die Eile, mit der man das Projekt begann, auch dessen Rettung. Einer der leitenden Ingenieure erzählte später, dass man nie grünes Licht gegeben hätte, wenn man gewusst hätte, auf was man sich da einließ. Allein die Konstruktionsprinzipien für das Dach auszuarbeiten währte fünf Jahre. Dabei sollte die gesamte Bauzeit nicht länger als sechs dauern. Man brauchte schließlich fast eineinhalb Jahrzehnte, und die letztendlichen Kosten beliefen sich auf gewichtige 102 Millionen Dollar, vierzehnmal so viel wie ursprünglich geschätzt.

Interessanterweise hat Utzon seine hochgelobte Kreation nie zu Gesicht bekommen. Nach einem Regierungswechsel in New South Wales 1966 entließ man ihn, und er kam nie wieder nach Australien zurück. Er entwarf auch nie wieder etwas nur entfernt so Gefeiertes. Ironie der Geschichte: Auch Goossens, der Mann, der das alles angezettelt hatte, sah nie, wie sein Traum wahr geworden war. Als er 1956 auf dem Flughafen in Sydney durch den Zoll musste, fand man bei ihm eine prächtige, breit gefächerte Sammlung pornografischer Literatur und bat ihn, sich mit seinen schmutzigen, europäischen Angewohnheiten woandershin zu verfügen.

Das Opernhaus ist ein herrliches Gebäude und ich will es auch gar nicht mies machen, aber mein Herz gehört der Harbour Bridge. Sie ist nicht so feierlich, aber weit dominanter – man sieht sie aus allen Winkeln der Stadt, aus den schrägsten Richtungen schiebt sie sich ins Bild wie ein Onkel, der auf jedem Foto drauf sein will. Aus der Entfernung hält sie sich galant zurück, ist majestätisch, doch nicht aufdringlich, aber von Nahem ist sie pure Macht. Sie erhebt sich hoch vor einem – man könnte ein zehnstöckiges Hochhaus darunter herschieben – und sieht aus, als gebe es nichts Schwereres auf Erden. Alles an ihr, die Steinblöcke der vier Pfeiler, das Gitterwerk der Träger, die Stahlplatten, die sechs Millionen Nieten (mit Knöpfen wie Apfelhälften), ist das größte seiner Art. Diese Brücke ist von Leuten erbaut worden, die Berge von Kohle und Hochöfen gehabt haben, in denen man ein Schlachtschiff schmelzen konnte. Allein der Brückenbogen wiegt 30 000 Tonnen. Es ist ein prachtvolles Bauwerk.

Von einem Ende zum anderen misst sie 503 Meter. Das erwähne ich nicht nur, weil ich jeden davon gelaufen bin, sondern weil der Zahl auch etwas Bitteres anhaftet. Als die Bürger der Stadt 1923 beschlossen, eine Brücke über den Hafen zu bauen, sollte das nicht irgendeine sein, sondern die längste Einbogenspannbrücke, die je errichtet worden war. Für ein junges Land war das ein kühnes Unterfangen und dauerte länger als erwartet, fast zehn Jahre. Doch kurz bevor sie 1932 fertiggestellt war, wurde die Bayonne Bridge in New York ohne großes Trara eröffnet und war – 63,6 Zentimeter (gleich 0,121 Prozent) länger. Dies trug natürlich nicht besonders zur Stärkung des australischen Selbstbewusstseins bei.

Nach meinem langen Flug wollte ich meine Glieder unbedingt ein bisschen strecken, deshalb überquerte ich die Brücke nach Kirribilli und stürzte mich in die gemütlichen alten Winkel am flacheren Nordufer. Eine

wundervolle Gegend. Ich ging durch die kleine Bucht
[…] Dann führte mich mein Weg in die schattigen
Hügel darüber, durch stille Viertel mit behaglichen
kleinen Häuschen, die unter blühenden Jacaranda-
bäumen und duftenden Frangipanibüschen verschwanden (und in deren Gärten ausnahmslos tram-
polingroße Spinnennetze mit der Sorte Spinnen in der
Mitte hingen, bei denen ein tapferer Mann nach Luft
schnappt). Immer wieder erwischte man einen Blick
auf den blauen Hafen – über eine Gartenmauer, am
Fuß einer abfallenden Straße, zwischen zwei nah beieinander stehenden Häusern wie auf ein Tuch, das
zum Trocknen aufgehängt ist –, und es war genau deshalb so schön, weil es so überwachsen und verwun-
schen war. Sydney hat ganze Stadtteile voller Villen, die
nur aus Balkonen und Riesenfenstern zu bestehen
scheinen und in denen kaum ein Blatt die knallende
Sonne abhält oder den Blick stört. Aber hier am Nord-
strand haben sie, klug und anständig, wie sie sind, die
spektakulären Panoramen dem kühlen Schatten von
Bäumen geopfert, und alle Bewohner, das garantiere
ich, kommen dafür in den Himmel.

Ich ging kilometerweit durch Kirribilli, Neutral Bay
und Cremorne Point, dann weiter durch die wohl situ-
ierten Viertel Mosman und zuletzt Balmoral mit
einem geschützten Strand, der auf Middle Harbour
und einen herrlichen Uferpark hinausschaute, in dem
kräftige Moreton-Bay-Feigenbäume Schatten spende-
ten, die bei weitem schönsten Bäume Australiens. Am
Wasser verkündete ein Schild, wenn man von Haien
verspeist würde, dann nicht, weil man nicht davor
gewarnt worden sei. Offenbar greifen Haie viel eher im
Hafen als außerhalb an. Warum, weiß ich nicht. Aber
ich wusste aus Jan Morris' spannendem, fröhlichem
Buch *Sydney*, dass es im Hafen nur so von tödlichen
Koboldfischen wimmelt. Merkwürdigerweise stieß ich
trotz meiner ausgiebigen Lektüre nie wieder auf eine
Erwähnung dieser gefräßigen Kreaturen. Womit ich

natürlich nicht andeuten will, dass Ms. Morris eine blühende Fantasie hat, sondern lediglich, dass man in einem Leben unmöglich alles über die Gefahren lesen kann, die in diesem erstaunlich giftigen und zahnbewehrten Land unter jedem Akazienbuch und in jedem Wasserrinnsal lauern.

Daran wurde ich wieder erinnert, als ich Stunden später in der brütenden Nachmittagshitze hundemüde und schweißgebadet in die Stadt zurückkehrte und spontan in das großartige, düstere Australien Museum neben dem Hyde Park ging. Nicht weil es so toll ist, sondern weil ich von der Hitze halb wahnsinnig war und es wie ein Gebäude aussah, das innen trüb beleuchtet und angenehm kühl ist. Das war es auch und noch dazu toll. Es ist riesengroß und altmodisch – das meine ich als Kompliment; ich kenne kein schöneres für ein Museum – und hat hohe Hallen mit Galerien voll ausgestopfter Tiere und großer Kästen mit sorgsam aufgespießten Insekten, dicke Brocken glitzernden Mineralien und Gegenständen der Aborigines. In einem Land wie Australien ist jeder kühle Raum ein kleines Wunder.

Wie Sie sich vorstellen können, reizten mich besonders die Dinge, die mir wehtun konnten – in Australien praktisch alles. Es ist wirklich das allertödlichste, mörderischste Land. Man spielt die Tatsache natürlich gern herunter, dass jedes Mal, wenn man einen Fuß auf den Boden setzt, höchstwahrscheinlich etwas angesprungen kommt und einen am Knöchel packt. Mein Reiseführer vermerkte ganz nüchtern, dass „nur" 14 Arten australischer Schlangen ernsthaft tödlich sind, darunter die Westliche Braun- oder Schwarzotter, Wüstentodesotter, Östliche Tigerotter, der Taipan und die Gelbbauchseeschlange. Vor den Taipans heißt es besonders auf der Hut sein. Es sind die giftigsten Schlangen der Erde, die einen so fix attackieren und deren Gift so flott wirkt, dass man vor seinem Ableben nur noch röchelt: „Nanu, ist das eine Schl-"

Selbst quer durch den Raum sah man sofort, wo die Vitrine mit dem ausgestopften Taipan war, denn um ihn herum stand eine Gruppe kleiner Jungs, die angesichts des starren Blicks aus den abscheulich träge funkelnden Augen atemlos schwiegen. Man kann den Taipan töten, ausstopfen und in einen Ausstellungskasten legen, ihm aber nicht das Bedrohliche nehmen. Auf dem Informationsschild stand, dass das Gift des Taipan fünfzigmal so tödlich ist wie das der Kobra, seiner mächtigsten Rivalin. Erstaunlicherweise ist nur ein tödlicher Angriff bekannt: aus Mildura im Jahre 1989. Aber wir, meine aufmerksamen kleinen Freunde und ich, wir kannten die Wahrheit: Wenn wir dieses Gebäude verließen, waren die Taipans nicht ausgestopft und hinter Glas.

Dabei sind diese Tiere wenigstens einen Meter fünfzig lang und so dick wie das Handgelenk eines Mannes, was einem eine reelle Chance gibt, sie zu sichten. Viel grauenhafter fand ich die Existenz tödlicher Schlänglein wie der kleinen Wüstentodesotter. Gerade mal 20 Zentimeter lang, liegt sie, hauchdünn von etlichem Sand bedeckt, so da, dass man seinen müden Hintern schon auf ihrem Haupt gebettet hat, wenn es zu spät ist. Noch Besorgnis erregender ist die Point-Darwin-Seeschlange, die nicht viel größer ist als ein Regenwurm und genug Gift in sich hat, dass sie einen, wenn schon nicht umbringen, dann aber doch davon abhalten kann, pünktlich zum Abendessen zu kommen.

Alle diese Kreaturen sind freilich absolut nichts im Vergleich zu der zarten, durchscheinenden Würfelqualle, dem giftigsten Geschöpf der Erde. Ich erzähle Ihnen mehr von dem unsäglich grausigen, kleinen, todbringenden Sack, wenn wir in den Tropen sind, hier nur eine einzige kurze Geschichte. 1992 ging ein junger Mann in Cairns trotz aller Warnschilder an einem Strand namens Holloways Beach in den pazifischen Fluten baden. Er schwamm und tauchte, neckte seine Freunde am Strand wegen ihrer Übervorsicht und

Feigheit und begann auf einmal geradezu unmenschlich zu schreien. Angeblich gibt es keinen vergleichbaren Schmerz. Der junge Mann taumelte aus dem Wasser, überall dort mit dunkellila Streifen wie von Peitschenhieben bedeckt, wo die Quallententakel ihn gestreift hatten, und brach zuckend zusammen. Schock. Bald darauf trafen die Rettungsmannschaften ein, pumpten ihn mit Morphium voll und nahmen ihn mit ins Krankenhaus. Und jetzt kommt's: Selbst bewusstlos und sediert, schrie der junge Mann immer weiter wie am Spieß.

Zu meiner Freude erfuhr ich, dass es in Sydney keine Quallen gibt. Sydneys berühmte Gefahr ist die Trichterspinne, das giftigste Insekt der Welt, mit „hoch toxischem, schnell wirkendem" Gift. Nach einem einzigen Biss tollt man, wenn man nicht sofort behandelt wird, fest im Griff von unvergleichlich lebhaften Krämpfen herum, dann wird man blau, dann stirbt man. Es sind 13 Sterbefälle vermerkt, doch seit 1981, seit es ein Gegengift gibt, keiner mehr. Ich wusste nicht genau, ob ich ein solches Exemplar bei meinem Spaziergang früher am Tage in den Gärten gesehen hatte, aber ich konnte auch nicht das Gegenteil behaupten, denn diese Tierchen sahen im Wesentlichen alle gleich aus. Warum Australiens Spinnen so extrem giftig sind, weiß übrigens niemand; sie fangen nur kleine Insekten, können sie aber mit einer Giftmenge abfüllen, von der ein Pferd tot umfallen würde. Ein schlimmer Fall von Overkill, scheint mir. Es hat jedoch zur Folge, dass alle einen großen Bogen um sie machen.

Besonders gründlich informierte ich mich über die Trichterspinne, weil ich am wahrscheinlichsten ihr in den nächsten Tagen begegnen würde. Sie ist knapp vier Zentimeter lang, drall, haarig und hässlich. Laut Infoschild erkennt man sie am „Kopulationsapparat an den Pedipalpen der Männchen, der tief eingedellten Fovea, dem glänzenden Rückenpanzer und der mit kurzen scharfen Stacheln gespickten Unterlippe". Alternativ dazu kann man sich auch einfach stechen lassen. Ich notierte alles gewissenhaft, doch dann fiel mir ein, dass ich, falls ich mal erwachte und ein großes pelziges Viech wie eine Krabbe über mein Betttuch auf mich zuhielt, seine anatomischen Besonderheiten, seien sie auch noch so einzigartig und aufschlussreich, nicht mehr würde wahrnehmen können. Also steckte ich mein Notizbuch weg und schaute mir die Mineralien an, die nicht so aufregend sind, dafür aber den Vorteil haben, dass sie einen fast nie angreifen.

Ich wanderte vier Tage lang durch Sydney. Ich besuchte pflichtschuldigst interessiert die wichtigen Museen und verbrachte einen Nachmittag in der bewundernswert gastfreundlichen Staatsbibliothek von New South Wales, doch meistens ging ich ans Wasser. Denn der Hafen ist es, der Sydney zu dem macht, was es ist. Dabei ist es weniger ein Hafen als ein Fjord, 16 Meilen lang und ideal in den Ausmaßen – groß genug, um elegant zu wirken, klein genug für eine freundliche Atmosphäre. Wo immer man steht, die Menschen auf der anderen Seite sind nie so weit weg, dass man sich von ihnen getrennt fühlt; wenn man wollte, könnte man ihnen zuwinken. Weil der Hafen von Ost nach West durchs Zentrum der Stadt verläuft, trennt er sie in mehr oder weniger gleiche Hälften, die nördliche und die östliche Vorstadt. (Macht nichts, dass die östliche Vorstadt in Wirklichkeit im Süden oder dass viele der nördlichen Viertel entschieden östlich liegen. Man darf nie vergessen, dass die Australier mal als Briten angefangen haben.) Darauf hinzuweisen, dass der Hafen 16 Meilen lang ist, gibt seine Ausdehnung kaum wieder. Er schweift ständig ab in Meeresarme, die in ruhigen kleinen, sanft geschwungenen Buchten enden; die Uferstrecke selbst beträgt 152 Meilen. Und weil sie mal hierhin, mal dorthin wandert, läuft man in einem Augenblick durch eine winzige geschützte Bucht, die meilenweit von allem entfernt zu sein scheint, und im nächsten um eine Landzunge und steht vor der riesigen offenen Wasserfläche mit dem Opernhaus, der Harbour Bridge und einem Haufen Wolkenkratzer, die im klaren Sonnenschein glänzen und die Szene beherrschen. So geht das endlos und ist unglaublich reizvoll.

An meinem letzten Tag wanderte ich nach Hunter's Hill, einem idyllischen, versteckten Viertel etwa sechs Meilen vom Stadtzentrum entfernt auf einer langen Landzunge, die auf die ruhigeren inneren Bereiche des Hafens hinausschaut. Jan Morris hatte es als wunderschön beschrieben. Ich bin überzeugt, sie ist auf dem Wasserwege dorthin gelangt wie jeder vernünftige Mensch. Ich dagegen lief über die Victoria Road dorthin, die vielleicht nicht hässlichste, aber doch unangenehmste Flaniermeile Australiens.

Kilometerlang tigerte ich durch schattenlose Gegenden mit Fabriken, Lagerschuppen und Eisenbahnschienen, dann wieder kilometerlang durch mäßig interessante Geschäftsviertel mit Discount-Möbelläden, Großhändlern und schmuddeligen Kneipen, die surrealistisch wenig verlockende Reize boten wie zum Beispiel eine „Fleisch-Tombola von 18 bis 20 Uhr". Als ich endlich Hunter's Hill erreichte, waren meine Erwartungen auf dem Nullpunkt. Doch Hunter's Hill war jeden qualmenden Schritt wert – ein hübscher, versteckter Bezirk mit ansehnlichen Steinvillen, reizenden Cottages und malerischen Lädchen von oft beeindruckender Altehrwürdigkeit. Es gab ein kleines, aber wunderschönes Rathaus von 1860 und eine Drogerie, die seit 1890 im Geschäft war, was ein Rekord in Australien sein muss. Jeder Garten war ein Schmuckstück, und im Hintergrund hatte man ständig einen Blick auf ein Stückchen Hafen. Ich war hingerissen.

Da ich nicht denselben Weg zurückgehen wollte, beschloss ich, durch Linley Point, Lane Cove, Northwood, Greenwich und Woltstonecraft zu laufen und mich an der Harbour Bridge der bekannten Welt wieder zuzugesellen. Es war ein langer Spaziergang und der Tag schwül, doch Sydney hatte so viele lohnenswerte Viertel, und ich wurde kühn. Ich war ungefähr eine Stunde gelaufen, als mir schwante, dass mein Vorhaben reichlich kühn war – ich war ja kaum durch Linley Point und immer noch meilenweit vom Hauptgeschäftszentrum entfernt. Da erblickte ich auf der Karte eine Abkürzung durch den Tennyson Park. Sehr verlockend.

Ein Holzschild wies den Park als geschütztes Buschland aus und bat Besucher höflich, die Wege nicht zu verlassen. Na, das war eine herrliche Vorstellung – ein Stück urwüchsiger Busch im Zentrum einer Metropole! Eifrig schritt ich fürbass. Ich weiß nicht, welches Bild das Wort „Busch" in Ihrem Kopf heraufbeschwört, doch ich befand mich bald nicht wie erwartet in braunem, unfruchtbarem Gelände, sondern in einem lichten Hain mit sonnenbesprenkeltem Pfad und raunendem Bächlein. Offenbar ging hier selten jemand her – alle paar Meter musste ich mich unter Spinnweben, die sich über den Weg spannten, durchducken oder darum herumlaufen. Was dem ganzen Unterfangen etwas von glücklichen Entdeckerfreuden verlieh.

In der Annahme, der Gang durch den Park – oder das „Reservat", wie die Australier solche Anlagen nennen – werde nicht länger als zwanzig Minuten dauern, hatte ich etwa die Hälfte des Weges zurückgelegt, als aus einer nicht näher bestimmbaren Entfernung zu meiner Rechten das vorsichtige, probeweise Bellen eines Hundes ertönte, als wolle es sagen: „Wer ist denn das?" Es klang nicht sehr nahe und auch nicht sehr Furcht einflößend, aber es war eindeutig das Bellen eines großen Hundes. Etwas in seinem Timbre sagte: Fleischfresser, schwarz, kräftig, nicht zu viele Generationen weit weg vom Wolf. Beinahe im gleichen Moment stimmte ein Gefährte ein, auch groß, und dieses Bellen hatte entschieden weniger Versuchscharakter. Es hieß: „Alarmstufe eins! Eindringling auf unserem Territorium!" Binnen einer Minute steigerten die beiden Tiere sich in eine beträchtliche Aufregung.

Nervös beschleunigte ich meine Schritte. Hunde mögen mich nicht. Es ist ein einfaches Gesetz des Universums, wie das der Schwerkraft. Ich übertreibe nicht, wenn ich sage, dass ich noch nie an einem Köter vorbeigegangen bin, ohne dass der reagierte, als wollte ich mich an seinem Chappi vergreifen. Bellos, die sich seit Jahren nicht vom Sofa bewegt haben, erheben sich wutentbrannt, kaum dass sie auch nur den leisesten Hauch von mir, der ich vor ihrem Haus vorbeischleiche, erschnüffelt haben, und werfen sich gegen die geschlossenen Fenster. Ich habe erlebt, wie winzige Tölen, nicht größer als ein flauschiger Pantoffel, kleine alte Damen von den Beinen gerissen und in dem Versuch, ihre Zähne in mein Fleisch zu schlagen, quer durchs offene Gelände gezogen haben. Jeder Hund auf diesem Globus will mich. Und zwar tot.

Und nun war ich allein in dem leeren Wald, der mir plötzlich sehr groß und einsam vorkam, und zwei riesige, ärgerlich klingende Hunde hatten mich im Visier. Im Weiterlaufen wurden mir zwei Dinge immer klarer: Sie hatten es definitiv auf mich abgesehen, und sie verstanden keinen Spaß. Mit Hochgeschwindigkeit kamen sie näher, und ihr Bellen besagte nun: „Junge, gleich schnappen wir dich. Dann bist du ein toter Mann. Kleine, breiige Fetzchen." Sie werden den Verzicht auf Ausrufezeichen bemerkt haben. Das Bellen hatte nämlich längst keinen Unterton von Lust und Raserei mehr. Es waren Feststellungen. Kalte Absicht. „Wir wissen, wo du bist", sagten die Bestien. „Bis zum Waldrand schaffst du es nicht mehr. Bald sind wir bei dir. Jemand soll schon mal die Spurensicherung rufen."

Besorgte Blicke auf das Buschwerk werfend, begann ich zu traben und dann zu rennen. Es wurde Zeit, darüber nachzudenken, was ich tun sollte, wenn die Hunde auf den Pfad stürzten. Um mich verteidigen zu können, hob ich einen Stein auf, warf ihn aber ein paar Meter weiter wieder weg und nahm stattdessen einen auf dem Pfad liegenden Stock. Er war lächerlich überdimensional – bestimmt drei Meter fünfzig lang – und so verrottet, dass er schon zerbrach, als ich ihn anfasste. Beim Rennen verlor ich noch eine Hälfte und dann noch eine, bis ich zum Schluss nur noch einen weichen schwammigen Stummel in der Hand hatte. Da hätte ich mich auch gleich mit einem Laib Brot verteidigen können. Ich warf den Stummel weg, packte mit jeder Hand einen großen schartigen Stein und erhöhte mein Tempo erneut. Nun schienen sich die Hunde in einer Distanz von kaum 40, 50 Metern parallel zu mir zu bewegen, als fänden sie keinen Durchgang zu mir. Sie rasten vor Wut. Mein Unbehagen wuchs, ich rannte noch ein bisschen flotter.

Und stolperte in meiner Hast zu schnell um eine Kurve und sauste koppheister in ein gigantisches Spinnennetz, das wie ein Fallschirm über mir zusammenfiel. Bestürzt aufheulend riss ich daran, aber mit den Steinen in der Hand schlug ich mir nur gegen die Stirn. In einer kleinen, klarsichtigen Ecke meines Hirns dachte ich „Das ist doch so was von ungerecht!" und: „Du wirst der erste Mensch in der Geschichte sein, der im Busch mitten in einer Großstadt stirbt, du armer, trauriger Depp." Der Rest war eisiger Horror.

Und als ich elendiglich jammernd weiterflitzte, ging es plötzlich wieder um eine Kurve, und ich musste mit einem weiteren kleinen, ungläubigen Klagelaut feststellen, dass der Pfad hier jäh endete. Vor mir befand sich nichts als meterhohes, undurchdringliches Dickicht. Verblüfft und entsetzt schaute ich mich um. In meiner Panik – und garantiert, während ich mir die Spinnweben mithilfe zweier Granitbrocken von der Braue gekratzt hatte – war ich falsch abgebogen. Jedenfalls ging es hier weder vorwärts noch zurück, beziehungsweise zurück nur über einen schmalen Pfad zu zwei hasssprühenden Höllenhunden. Doch da erblickte ich zu meiner unbändigen Freude vor mir oben auf einem Hügel von vielleicht sechs Metern Höhe eine Wäschespinne. Da wohnte jemand! Ich hatte den Rand des Waldes erreicht, wenn auch aus einer unkonventionellen Richtung. Einerlei! Da oben war die zivilisierte Welt. Da oben war Sicherheit. So rasch mich meine feisten, kleinen Stampfer trugen – nun waren die Hunde sehr nah –, kraxelte ich hoch, blieb an Dornen hängen, atmete Spinnweben ein, strengte mich jedoch mit jeder Faser meines Wesens an, keine Schlagzeile zu werden, die da lautete: „Polizist findet Rumpf eines Schriftstellers. Kopf wird noch vermisst."

Auf dem Hügel stand eine knapp zwei Meter hohe Ziegelsteinmauer. Mit einem ausgedehnten Ächzen hievte ich mich darauf und ließ mich auf der anderen Seite wieder hinunterplumpsen. Der Szenenwechsel war total, die Erleichterung köstlich. Die Welt hatte mich wieder, ich war in jemandes heiß geliebtem Garten. Ich sah eine alte Schaukel, die offenbar seit Jahren nicht mehr benutzt wurde, Blumenbeete und einen Rasen, der zu einer Terrasse führte, das Ganze auf drei Seiten von einer Backsteinmauer und auf der vierten Seite von einem behaglichen Heim eingeschlossen, was mir natürlich gar nicht entgegenkam. Ich befand mich unbefugt auf fremdem Grund und Boden, doch in den Wald ging ich auf keinen Fall zurück. Da fiel mein Blick auf einen Schuppen oder ein Gartenhaus. Wenn ich Glück hatte, war dahinter ein Tor, und ich konnte unentdeckt hinausschlüpfen. Meine Hauptsorge war allerdings nur, dass auch hier drin ein großer, fieser Hund herumlief. Wäre das nicht der Gipfel der Ironie? Vorsichtig schlich ich weiter.

Lassen Sie uns nun einen Moment lang die Perspektive wechseln. Tut mir leid, wenn ich Sie aufscheuche, aber ich muss Sie an das Fenster neben dem Küchenwaschbecken dieses ruhigen Vorortheimes stellen. Sie sind eine nette Hausfrau mittleren Alters, die ihren alltäglichen Pflichten nachgeht. Sie füllen eine Vase mit Wasser, um ein paar Pfingstrosen hineinzustellen, die Sie eben in dem Beet vor dem Wohnzimmerfenster abgeschnitten haben. Da sehen Sie einen Mann über Ihre Gartenmauer kullern und dann tief gebückt durch den Garten schleichen. Vor Angst und einer eigentümlich distanzierten Faszination erstarrt, sind Sie unfähig, sich zu rühren, und beobachten, wie er verstohlen näher kommt: Wie ein Angehöriger eines Sondereinsatzkommandos rast er mit kurzen panischen Sprüngen von einer Deckung zur anderen und bleibt schließlich neben einer Betonvase am Rande der Terrasse hocken, nur etwa einen Meter von ihnen entfernt. Erst da merkt er, dass Sie ihn anstarren.

„Hallöchen", sagt der Mann fröhlich, richtet sich auf und lächelt auf eine Weise, die er für aufrichtig und gewinnend hält, die in Wirklichkeit aber an jemanden erinnert, der vergessen hat, seine Pillen zu nehmen. Sie jedenfalls müssen sofort an ein Fahndungsfoto denken, das Sie Anfang der Woche in der Zeitung gesehen haben und das, wenn Sie sich nicht irren, etwas mit einem Ausbruch aus einer Anstalt für geistesgestörte Gewaltverbrecher in Wollongong zu tun hatte. „Entschuldigen Sie, dass ich einfach so bei Ihnen einfalle", sagt der Mann, „aber ich war in höchster Not. Haben Sie den Krach gehört? Ich dachte, sie reißen mich in Fetzen."

Er strahlt dümmlich und wartet darauf, dass Sie antworten, doch Sie schweigen, weil sie unfähig sind zu sprechen. Ihr Blick gleitet zur offenen Hintertür des Hauses. Wenn Sie jetzt beide darauf zuhalten, kommen Sie zusammen an. Alle möglichen Gedanken schießen Ihnen durch den Kopf.

„Gesehen habe ich sie nicht", fährt der Mann in durchaus vernünftigem, aber merkwürdig aufgekratztem Ton fort, „doch ich weiß, sie waren hinter mir her." Er sieht aus wie ein Penner. Schmutzflecken umrahmen sein Gesicht, und eines seiner Hosenbeine ist am Knie zerrissen. „Sie sind immer hinter mir her", sagt er nun ganz ernst und ratlos. „Als hätten sie sich gegen mich verschworen. Wissen Sie, selbst wenn ich einfach nur völlig harmlos die Straße entlanggehe, fallen sie urplötzlich aus dem Nichts über mich her. Sehr beunruhigend." Er schüttelt den Kopf. „Ist Ihr Gartentor verschlossen?"

Sie haben eigentlich nichts von dem gehört, was er gesagt hat, denn Ihre Hand hat sich kaum wahrnehmbar in Richtung der Schublade mit den Fleischmessern bewegt. Als die Frage aber bei Ihnen ankommt, merken Sie, wie Sie unwillkürlich einmal kurz und knapp nicken.

„Dann finde ich den Weg schon allein hinaus. Tut mit leid, dass ich Sie gestört habe." Am Tor bleibt er stehen. „Glauben Sie mir", sagt er, „in den Wald da sollten Sie besser nicht mehr allein gehen. Da könnte Ihnen was Schreckliches zustoßen. Übrigens, Ihr Rittersporn ist wunderschön." Er lächelt, dass es Ihnen durch Mark und Bein geht, und sagt: „Na dann, Wiedersehen."

Fort ist er.

Sechs Wochen später bieten Sie Ihr Haus zum Verkauf an.

Walter Schoendorf
Die Great Ocean Road

„In jedem von uns steckt ein Wellenreiter!" Ich nicke
und vergrabe die Hände tiefer in den Jackentaschen.
Eisige Windböen treiben Wolkenfetzen übers Meer.
„Auch in dir!", fügt Jack hinzu und blinzelt über die
heranrollenden Wellen. Er beobachtet seine Jungs, die
gerade unter einem Brecher hinwegtauchen. Jack ist
ihr Trainer, ein Meister des Wellenreitens.

Bis zur Hüfte steckt er in einem schwarz-roten Neo-
pren-Anzug. Der muskulöse, dunkel gebräunte Oberkörper ist frei, ein Goldkettchen hüpft auf der haarlo-
sen Brust. „Jetzt die Knie aufs Brett!", brüllt er in die
Brandung. Einige der Schüler werden von den Wellen
umgerissen, weggespült. Jack bebt vor Erregung: „Du
darfst keine Angst haben. Du musst eins werden mit
der Welle – dann trägt sie dich!" Er schlüpft in das
schwarz-rote Oberteil und zieht mit einem Ratsch den
Reißverschluss hoch, schnappt sich das bunte Brett
und stürzt in die Brandung, zu seinen Schützlingen.

Vor wenigen Stunden bin ich in Melbourne losgefahren, nach Südwesten mit dem Ziel Great Ocean
Road – angeblich eine der schönsten Küstenstraßen
der Welt. Der Princes Freeway führt aus Melbourne
hinaus durch eine nichtssagende Ebene. Kurz vor Geelong endlich das erste Hinweisschild: Great Ocean
Road. Aber vom Ozean ist noch nichts zu sehen, noch
lange nicht. Dafür geht es ständig in den Kreisverkehr,
linksherum. Vorbeihuschende Ortsnamen klingen
immer vielversprechender: Queenscliff, Ocean Grove.

Nun geht es wieder schnurgeradeaus. Die Autos mit aufgeschnallten Surfbrettern mehren sich. Dazu bunt lackierte Cabrios amerikanischer Fabrikate, braun gebrannte Gesichter mit verwegenen Sonnenbrillen. Beim Überholen schallt mal Reggae, mal Heavy Metal und immer wieder Sheryl Crow herüber: „All I wanna do is have some fun!"

Eine weiße Säule schwebt in der Ferne. Die Straße führt direkt darauf zu. Kaum habe ich den Leuchtturm von Torquay erreicht, taucht er auf wie aus dem Nichts: der Ozean! Damit Besucher den Überraschungsmoment länger auskosten können, wurde hier gleich eine große Parkbucht angelegt. Wellenberge mit weißen Schaumkronen, so weit das Auge reicht. Wirbelnde Wolken ziehen über den blauen, hohen Himmel. Im Süden verschwindet eine bewegte Küstenlinie im Dunst der Dünung, das ist die Surf Coast. Ein Song der Beach Boys drängt sich aus meinem Unterbewusstsein hoch, den Titel hab ich vergessen. Nur ein Text- und Melodiefetzen spukt in meinem Kopf herum, verleitet zum Mitsingen: „The sun shines brightly down on the bay. The air's so clear, it just takes your mind away …"

Lorne ist die erste Station an diesem frühen Sonntagnachmittag. Das Straßendorf ist ganz auf Surf-Touristen eingestellt, fit für die fun generation. Jetzt liegt der Ort noch im Winterschlaf, räkelt sich träge in der Sonne. Bis auf ein paar rastlose Möwen ist der Strand leer. Weißer Muschelkies knirscht unter meinen Schuhen. Eine scharfe Brise bläst Wasserfahnen von den Wellenkämmen. Weit draußen saust eine schwarz-rote Gestalt über das bewegte Wassergebirge, Jack. Ich sehe ihn seine Kommandos brüllen. Verstehen kann ich nichts; in meinen Ohren rauscht für andere Töne undurchdringbar der Ozean.

Aber nicht alle in Lorne sind aufs Wellenreiten abonniert, an diesem Nachmittag wird auch Lawn-Bowl gespielt. Das sieht sehr gemütlich aus. Ein weißes Figurentheater auf grünem Grund, umgeben von einer akkurat geschnittenen Hecke. Über dem strahlendhellen Clubhaus knattert die australische Flagge.

„You're welcome!" Mr. Brown, der Präsident des Lawn-Bowl-Club, öffnet die halbhohe Gartentür und führt mich in sein Rasenreich. Lawn bedeutet Rasen, grün und kurzgeschoren. Lawn-Bowl ist eine Art Boccia, ein Rasen-Boule im Aussi-Stil. Die Spieler sind vom Scheitel bis zur Sohle, vom Hut bis zum Halbschuh weiß gekleidet, tragen aber keine Vereinsuniform. Jeder hat seine Kleidung selbst zusammengestellt. Das wäre ein Augenschmaus für die Ariel-Clementine, nur sie könnte die vielen, porentief reinen Nuancen der Farbe Weiß unterscheiden und benennen.

Mr. Brown stellt mir die Clubmitglieder vor, allesamt Senioren. Der älteste, Mr. Mitchell, ist 84 und schwerhörig. Er war Wollhändler in Geelong, und vor zwei Jahren ist ihm die Frau weggestorben, erzählt er mit warmer, lauter Stimme. Er nimmt den vergilbten Hut vom Kopf und wischt mit einem karierten Taschentuch den Schweiß vom kahlen Schädel, der wie eine fleckige Tomate in der Sonne glänzt. Dann setzt er den Hut wieder auf und legt den Zeigefinger grüßend an die Krempe.

Momentan sei der Club noch nicht komplett, erklärt der Präsident. Viele Mitglieder leben in den Wintermonaten, zwischen April und November, im warmen, sonnigen Rentnerparadies Queensland. Dort hausen sie in billigen Motels oder auf Campingplätzen, drei Dollar pro Tag. In den heißen australischen Sommermonaten kommen sie dann zurück ins erträgliche Victoria, an die erfrischende Brise der Surf Coast.

Nach einem Blick auf die Uhr klatscht Mr. Brown in die Hände: teatime, Zeit für eine Pause. Die Herrschaften lassen sich an langen Bänken im Clubraum nieder. Es gibt Tee und in Alufolie gepackten Kuchen, glibberigen Pudding aus Tupperware-Schalen. Mr. Mitchell setzt sich neben mich und zerrt eine abgegriffene Zeitung aus seiner Sporttasche. Es ist eine Ausgabe der Lorne Local News, eines kleinen Lokalblättchens. Seine wässrig blauen Augen blitzen, als er auf ein Gedicht zeigt: Das habe er geschrieben, sagt er vertraulich, aber immerhin so laut, dass das Gemurmel verstummt und alle lauschen. „Nostalgia" nennt der Wollhändler im Ruhestand diese Zeilen: „I remember the milk from the billy with the yummy rich cream on the top. Our dinner came hot from the oven and not from the fridge in a shop."

In der guten alten Zeit war die Westküste des Bundesstaates Victoria eine abgelegene, unzugängliche Provinz, eine rückständige Region voller Schafe, Kühe und ländlicher Beschaulichkeit. Der Mythos vom Strand als Fluchtpunkt der Leistungsgesellschaft war noch nicht aktuell, Wellenreiten wäre der Landbevölkerung als höchst unsinniger Zeitvertreib vorgekommen. Das Leben drehte sich um die Wollpreise, um den ewigen Kampf zwischen den Schafzüchtern und Scherern. Vom aufkommenden Industriezeitalter mit seiner vielfältigen Warenwirtschaft blieb die Region zwischen Geelong und Warrnambool unberührt. Nur an wenigen Stellen der Küste konnten größere Schiffe vor Anker gehen. Ochsenkarren, beladen mit Wolle und Käse, rumpelten auf holprigen Feldwegen nach Melbourne; das war sowohl teuer als auch zeitaufwendig.

Erst 1918 wurde der Great Ocean Road Trust gegründet, und noch im selben Jahr begann man mit dem Bau einer festen Straße zwischen Lorne und Cape Patton. Der Trust war eine Auffanggesellschaft, eine Arbeitsbeschaffungsmaßnahme für die aus dem Ersten Weltkrieg zurückkehrenden Soldaten. Während der großen Depression der 1920er Jahre konnten zusätzlich über 3000 Arbeitslose in das Straßenbauprojekt integriert werden. Viele verarmte Goldgräber und Glücksritter kamen so in Lohn und Brot und wurden an der Küste heimisch. Im November 1932 war es dann endlich soweit; die Great Ocean Road konnte eröffnet werden. Über die Straße kam Leben in die gottverlassene Gegend zwischen Geelong und Port Fairy.

Eine tief hängende Wolkenschicht schiebt sich über die Küste landeinwärts und bringt Nieselregen mit. Die Welt wird trüb, das fröhliche Ferienambiente von Lorne verkommt zur faden, düsteren Kulisse. In dem Straßendorf an der Great Ocean glimmen die Neonleuchten auf und aus *Kosta's Restaurant* klingt Livemusik. Ein Jazztrio swingt gegen die dunkle Regenfront. Dicke Tropfen trommeln auf die großen Fensterflächen der Seeseite. Es ist noch früh, aber der Laden ist voll. Bei Kosta treffen sich die Surf-Coast-Yuppies mit dem kalifornischen Lebensgefühl: „All I wanna do is have some fun!" Draußen parkt ein aufgemotzter Straßenkreuzer mit Haifischflossen.

Das ist Kostas Welt. Der smarte Chef surft auf der Welle der Eitelkeiten – ein Küsschen hier, ein paar Schmeicheleien da. Seine dunklen, lebhaften Augen haben das ganze Geschehen im Blick. Kosta ist Grieche. Viele seiner ausgewanderten Landsleute haben sich an dieser wilden Küste Victorias niedergelassen. Sie suchen die Nähe des Meeres, brauchen Weite und Freiheit als Ausgleich zu den engen Familienbanden.

Irgendwann im Laufe des Abends legt er fast unmerklich die Hand auf meine Schulter und fragt beiläufig: „Ti kánis?", wie geht's dir? Instinktiv antworte ich: „Kalá!", gut. Dann nimmt alles seinen griechischen Lauf. Nach einer halben Stunde haben wir die erste Flasche Retsina geleert. Kosta lässt auffahren, was die Küche hergibt. Nach dem Auftritt des Jazztrios legt er die CD mit dem Zeimbekiko auf, einem langsamen, verschachtelten Rhythmus, unendlich traurig, unendlich leicht. Mit verhaltenen Bewegungen tanzt Kosta zurück zum Tisch, unterwegs auf einer Zeitreise in ein fernes Paradies, ein kleines blaues Kafenion, in dem man mit Freunden den Lauf der Welt anhalten kann.

Als ich aufbreche, fällt er aus allen Wolken. Es ist mein letzter Abend in Lorne. Er legt den Arm um mich und zieht sein Handy aus der Brusttasche. Mitten in der Nacht schmeißt er seinen Bruder aus dem Bett.

Der betreibt ein kleines Hotel in der Nähe meiner nächsten Station, Apollo Bay. Nomen est omen: *Greek Ocean Road*. Kosta grinst: „Greek is not only a nationality – Greek is a spirit!" Genau wie der Ouzo auf dem Tisch …

Die zurückgekehrten Soldaten, Goldgräber und Arbeitslosen haben zwischen Lorne und Apollo Bay ganze Arbeit geleistet. Man schraubt sich durch Haarnadelkurven auf und ab. Die Straße ist aus steilen Klippen gehauen. In engen Kehren kommt einem der Küstenbus, der Wayward-Coach, entgegengeschossen. Lichthupe; Herzklopfen – vorbei! Auf diesem Streckenabschnitt muss man die Straße ständig im Auge haben. Um die grandiose Landschaft zu bewundern, sind die Lookouts da, die Haltebuchten.

Raus aus dem Auto. Die frische Luft verschlägt mir fast den Atem. Der Geruch von Salz und Seegras hat hier etwas Körperhaftes, ist zum Anfassen dicht. Heranbrausende Wellen brechen sich über splittrig schwarzen Felsen. Dazwischen ducken sich Täler und Dünen aus Sand. Ich habe Zeit, klettere hinunter. Wolkenfetzen spiegeln sich im nassen Sand, der binnen Sekunden wieder trocknet.

Am Strand von Apollo Bay stoße ich auf etwas Sonderbares. Der Sand ist mit Unmengen riesiger Plastikstreifen übersät, wie sie manchmal als Wärmeschutz vor Industrietoren hängen. Die angespülte Ladung eines Frachters, der in der Nacht gesunken ist? Ich hebe einen gelblich-transparenten Streifen auf und rieche daran. Nichts. Ein zerschundenes Stück Plastik? Dann halte ich mein Feuerzeug darunter: Es brennt nicht, zieht keine Fäden. Das Zeug kokelt unwillig, aber es stinkt nicht nach verschmortem Kunststoff. Es ist auch kein Plastik. Es ist ein Wesen aus den Tiefen des antarktischen Meeres: riesige Algen, die ein Sturm an die Küsten Victorias geschleudert hat.

Apollo Bay ist eine Fischersiedlung, ganz dem Ozean zugewandt. Früher jagte man hier an der Westküste die Könige der Meere, den Southern Right Whale: bis zu 18 Meter lang und 90 Tonnen schwer. Heute hat man sich in Apollo auf kleinere Meeresbewohner, auf Krebse, spezialisiert. In unmittelbarer Nachbarschaft zum Hafen breitet sich ein weitläufiger Golfplatz aus. Die Fischer haben sich mit den Spielregeln der Freizeitgesellschaft arrangiert.

Die Krebsfangflotte dümpelt im geschützten Hafen. Klares Morgenlicht liegt über der Szenerie, lässt das Orange der Overalls, das Weiß, Rot und Blau der Bootsrümpfe noch intensiver leuchten. Cray-pots, geflochtene Krebskörbe, schaukeln wie ein filigranes Wirrwarr im Gegenlicht. Schon seit Tagen warten die Fischer, dass sich der Frühjahrssturm legt, damit sie wieder ausfahren können. Aber draußen, um die mächtigen Felsbrocken, die Wellenbrecher der Hafenbefestigung, wütet der Ozean.

Einige „Unverfrorene" halten ihre Angeln in die steife Brise. Darunter auch eine ältere Frau mit Kopftuch, Parka und löchrigen, verwaschenen Leggins. Ihr struppiger Hund plustert sich bei jeder Böe auf; der kleine Kerl droht weggeweht zu werden. Eine Weile stehe ich neben den beiden und suche den Köder der Frau in der tosenden Gischt.

„Do you wanna coffee?" Ich schüttle den Kopf: „No, thanks!" Sie wendet sich um und schaut mich überrascht an; hinter den dicken Brillengläsern wirken ihre Augen bedrohlich groß. „I didn't ask you – I asked Fred, my dog!" Oh ja, Fred trinke gerne Kaffee – aber nur mit Milch und viel Zucker. Tatsächlich. Der Hund schlabbert zitternd aus dem weißen Plastikbecher. Danach leckt er sich zufrieden die schwarze Schnauze. Frauchen schenkt aus der rot-weißen Thermoskanne nach und genießt nun selbst.

Hinter Apollo Bay verlässt die Great Ocean Road die stürmische Küste und führt hügelauf, hügelab ins grüne Hinterland. Kaum habe ich mich an die Weiden gewöhnt, geht es unvermittelt mitten in einen leibhaftigen Regenwald. Meine Pupillen tun sich schwer mit dem grünen Zwielicht. Ich überlege noch, ob ich die Scheinwerfer anschalten soll, da wackelt direkt vor dem Wagen ein urtümliches Vieh über die Straße. Ich trete voll auf die Bremse, parke in der unübersichtlichen Kurve ganz am Rand und steige aus. Es ist ein stacheliges Wesen mit einer dünnen, langen Schnauze. Ich höre ein Motorengeräusch, ein Bus wird heruntergeschaltet. Mit lautem Zischen versuche ich, das Tier vom Asphalt zu treiben. „Kschschsch!!" Das kuriose Vieh schaut mich an, als wäre bei mir eine Schraube locker. Aus der röhrenartigen Schnauze schlängelt sich ein Wurm. Nein, es ist die Zunge. Ich stoße das Wesen an sein Hinterteil, um ihm die richtige Fluchtrichtung zu geben. Es rollt sich zu einer stacheligen Kugel zusammen. Auch recht. Behutsam kicke ich es von der Great Ocean Road. Der Bus donnert um die Kurve. – Erst später erfahre ich, dass es ein Ameisenigel war, den ich gerettet habe.

Die Great Ocean verläuft hier auf einem Teil des Highway Number One, der berühmten Nationalstraße, die ganz Australien umrundet. Im Otway National Park führt sie mitten durch den Regenwald, aus dessen Schluchten die seltenen Berg-Eschen emporschießen. Diese größten blühenden Pflanzen der Erde können bis zu 115 Meter hoch werden. Wie Wesen aus einer vorsintflutlichen Welt ducken sich unter ihnen die altertümlichen, dickstämmigen Myrtenbuchen.

In dieser Gegend vegetieren noch Formen aus der Urzeit, der Ära der Dinosaurier: Exemplare des Nothofagus, der Südbuche. Der älteste Baum soll über 400 Jahre auf der Rinde haben. Haushohe Farne umschlingen den Vorzeitriesen. Im glitschig grünen Moos ist der Welt einzige Fleisch fressende Schnecke zu Hause. Nachts illuminieren abertausend Glühwürmchen dieses verwunschene Stück Erde. Auf Dinos treffe ich nicht – aber sie würden sich hier wohlfühlen.

Nach einigen Meilen verlässt die Straße den Urwald und führt in das Reich der glücklichen Kühe und geschorenen Schafe. Die Great Ocean wird zum Milky Way. Ich halte auf einer Anhöhe, links eine Koppel, rechts ein Gatter mit tickendem Elektrozaun. Auf Victorias Weiden bimmeln keine Kuhglocken. Ein stilles Land, erfüllt vom Kauen und Wiederkäuen der Rindviecher. Doch mit der Ruhe ist es bald vorbei: Die gesamte Herde trabt aus den Hügeln auf mich zu. Sehe ich aus wie ein Bauer? Muuhh! Beklommen schaue ich in die Runde; ein einziges, kauendes Missverständnis, das nur durch meinen Abgang zu lösen ist.

In der Gegend um Timboon, einer flachen Landschaft, verliert sich die Great Ocean Road. Grün und fruchtbar wie die Weiden in Schleswig-Holstein – und genau so regnerisch, und kühl: Australiens Käseecke. Frischgeschorene Schafe drängeln sich auf den Wiesen entlang der schnurgeraden Straße. Ein Anblick, der mich frösteln lässt. In der Ferne, unter einer Baumgruppe, erkenne ich ein Gebäude. Nach einer Weile zweigt ein Feldweg in diese Richtung ab. Ich schließe brav das Gatter hinter mir, das die Farm von der Außenwelt trennt. Die doppelte Schwingtür des flachen Farmhauses ist offen, aber niemand antwortet auf mein Rufen. Dafür höre ich deftiges Fluchen, das aus einem großen, abgelegenen Schuppen kommt.

Ich überrasche Familie Hose bei der Schafschur in einer geräumigen Wellblechhalle. Ungelegener kann man nicht kommen – herzlicher kann man nicht begrüßt werden. Zwischen den schuftenden Menschen bewege ich mich wie ein tapsiger Trottel. Jeder Handgriff stimmt, hat seine ureigene Dynamik. Zwei Scherer hängen mit den Oberkörpern in beweglichen Rückgratstützen. Zwischen ihren Beinen ist jeweils ein Schaf festgeklemmt. Blitzschnell fährt die elektrische Schere unter die Wolle. Das Tier wird herumgewirbelt, ratzfatz ist es nackt und mit einigen blutigen Blessuren in eine Box mit Gleichgeschorenen entlassen. Ein

Schaf in drei Minuten für 1,48 Dollar. Ein Profi schafft bis zu 200 pro Tag.

Zurück zur Great Ocean Road. Um Princetown ist es immer noch flach. Eine karge Steppe, in der schon ein Verkehrsschild zur Sensation wird: Vorsicht! Auf den nächsten fünf Kilometern ist mit Kängurus zu rechnen. Ein Witzbold hat dem Piktogramm-Tier zwei kolossale Hoden verpasst.

Je langweiliger die Gegend wird, desto mehr Busse tauchen auf. „The Great Ocean Road in one day!" Der Höhepunkt des Tagestrips steht unmittelbar bevor, die Zwölf Apostel im Port Campbell National Park. – „Selten habe ich einen furchtbareren Küstenabschnitt gesehen", schrieb der Australienerforscher Matthew Flinders, als er zum ersten Mal das Cape Otway umsegelte. Mehr als 80 stolze Schoner, Briggs und Clipper sind seither an dieser tückischen Küste zwischen Port Fairy und Moonlight Head gesunken. Die Zwölf Apostel, diese Felsgiganten im Meer, machten den Streifen zur „Shipwreck Coast".

Es donnert und rauscht. Ich stehe mitten in der Genesis, der Erschaffung der Welt. Gegenüber diesen steinernen Riesen fühle ich mich winzig. Diese Kalksteinablagerungen, aufeinandergestapelte Erdgeschichte, trotzen seit Jahrtausenden den herandonnernden Brechern. Der Kampf der Elemente, Meer gegen Land, ist hier noch nicht entschieden.

Klick, klick, klick. Eine japanische Gruppe hat sich kichernd hinter mir aufgebaut. Jeweils einer knipst die anderen. Klick, klick, ein Fotograf gibt mir zu verstehen, dass ich stehen bleiben soll. Halten die mich für den 13. Apostel? Nein – ich hab's: Ich bin weit und breit der einzige Mensch ohne Fotoapparat oder Videokamera. Für die Japaner bin ich deshalb ein Einheimischer, ein Australier – ein Requisit, das ins Bild gehört. Und so kommt es, dass ich zwar aus der Schöpfungsgeschichte vertrieben wurde, aber in zwei Dutzend japanischer Fotoalben weiterlebe ...

Ein Märchen
Das große Wasser

Seit vielen Tagen schon zog Wurrunnah umher und hatte nun Nindeeggolee erreicht, den Ort, wo sich die hohen Sanddünen ausbreiten. Müde und hungrig war er gerade damit beschäftigt, das Nachtlager am Rand eines Wasserlochs herzurichten, als er erschrocken zurückfuhr. Durch die hereinbrechende Abenddämmerung kam ein seltsames Wesen auf ihn zu. Den Körper und Kopf von Hundegestalt, aber mit zierlichen Frauenfüßen und einem langen buschigen Schwanz. Das Untier setzte in hohen Sprüngen über den Boden und stieß dabei sonderbare Zischlaute zwischen den wulstigen Lippen hervor.

„Ein Earmoonan", murmelte Wurrunnah, sobald das furchterregende Geschöpf näher heran war. „Ein Nachkomme der reißenden Hündin, die der große Baiame auf der Erde zurückgelassen hat."

Wurrunnah ergriff Schild und Speer und stellte sich abwehrbereit hinter das flackernde Kochfeuer, ohne den unheimlichen Gegner aus den Augen zu lassen.

„Sag mir, wo dein früherer Gebieter ist", rief er, in der Hoffnung, etwas über den geheimnisvollen Aufenthaltsort des mächtigen Zauberers in Erfahrung zu bringen.

Gespannt wartete der Frager auf eine Antwort, doch aus dem Maul des Earmoonan ertönte das gleiche unverständliche Zischen.

„Hat er die Welt der Menschen für immer verlassen?", fuhr Wurrunnah fort.

Wieder waren nur die eigentümlichen Laute des Ungeheuers zu hören, da packte den neugierigen Krieger die Wut: „Scher dich hinweg", schrie er zornig und schwang drohend den langen, mit einem knöchernen Widerhaken versehenen Speer: „Du wirst mir gewiss nichts von Baiame berichten."

Voller Entsetzen wich der Earmoonan zurück, öffnete den zähnestarrenden Rachen zu einem heiseren Brüllen und sprang in weiten Sätzen davon. Zwischen den Dünen verkroch er sich in eine riesige unterirdische Höhle, wo er und seine Brut arglose Wanderer gefangen halten und über dem Feuer braten. Nichts aber vermag ihn so zu erschrecken wie der Name Baiames.

Fest entschlossen, dem gefährlichen Untier kein zweites Mal zu begegnen, brach Wurrunnah noch in derselben Nacht das Lager wieder ab und zog weiter. Am Ende einer langen Wanderung kam er schließlich nach Doogoonherb, das an der Küste liegt. Vor seinen erstaunten Augen erstreckte sich das endlose Meer, größer und weiter als alle Seen, die er jemals gesehen hatte. Durstig geworden, tauchte Wurrunnah die Bingue, eine kleine flache Holzschüssel, in die heranrollende Brandung, um etwas Wasser zu schöpfen:

„Budta, Budta, Salz, Salz", murmelte er ganz verblüfft, denn bevor ihm der eigenartige Geschmack aufgefallen war, hatte er bereits einen Mundvoll der klaren Flüssigkeit hinuntergeschluckt. Den Rest spuckte er in hohem Bogen wieder aus. Da Wurrunnah die weiße Gischt der Wellen für das Salz hielt, strich er den flockigen Schaum behutsam beiseite und kostete noch einmal, doch mit gleichem Ergebnis. Bald hatte er sich von der Ungenießbarkeit des Wassers überzeugt und beschloss, zu dem ein Stück landeinwärts gelegenen Tümpel zurückzukehren, um dort den quälenden Durst zu löschen. Nachdenklich schweifte sein scharfer Blick über die grenzenlose, wogende Fläche:

„Ein seltsames Flutwasser, das von keinem Baum oder Busch überragt wird", dachte er. „Es sieht aus wie Goonagulla, der blaue Himmel mit kleinen weißen Wolken. Doch wenn die Wolken durch die Lüfte ziehen, verharrt Goonagulla in Ruhe, hier aber ist alles in Bewegung, und ein solches Wasser hat gewiss noch kein Mensch jemals getrunken."

Voller Verwunderung schüttelte Wurrunnah den Kopf und lief zu dem Tümpel zurück. Unterwegs erlegte er zwei Beutelratten, zog ihnen das Fell ab und säuberte die Häute sorgfältig mit einem Steinmesser von Fleischresten. Dann nähte er die Felle mit Sehnen und Knochennadel zu Wassersäcken zusammen, benutzte eine starke Schnur zum Verschließen der Halsöffnung und ließ die feuchten Beutel in der Sonne trocknen.

Die Nacht verbrachte Wurrunnah etwas entfernt vom Strand, aber inzwischen war ein starker Wind aufgekommen und ein unerklärliches Grollen störte den Schlaf des müden Wanderers. Am nächsten Morgen erkletterte er einen hohen Baum und suchte den fernen Horizont nach Land ab, doch so angestrengt er auch schaute und spähte, ringsumher dehnte sich nur die von Sturmböen aufgewühlte dunkle See.

„Dies ist gewiss die Heimat Doolooais des Donners und der heulenden Wirbelwinde", dachte Wurrunnah und lauschte dem mächtigen Dröhnen der Brandung. „Ihre Stimme habe ich letzte Nacht gehört."

Vor seinen Augen schwoll die ungeheure Wasserflut, und eine starke Dünung warf die schäumenden Wogen krachend gegen den Strand, wo sie zusammenstürzten und wieder zurückwichen, nur um von Neuem mit zornigem Gebrüll gegen das Land anzustürmen.

„Das sind die Wundah, die bösen Teufel, die mich ins Verderben reißen wollen", murmelte Wurrunnah und flüchtete vor dem tobenden Unwetter zu seinem Lagerplatz. Am darauffolgenden Tag hatte sich die stürmische See wieder beruhigt, und bald kräuselte nur noch eine sanfte Brise das grenzenlose, in den hellen Strahlen der Morgensonne glänzende Meer.

Unten am Strand füllte der einsame Mann das salzige Wasser in die zwei Fellsäcke und vergaß auch nicht, einige angeschwemmte Muschelschalen mitzunehmen, um die Stammesbrüder von der Wahrheit seiner Entdeckung zu überzeugen. Auf dem Rückweg traf Wurrunnah einen alten Zauberer, und als die beiden bei anbrechender Dunkelheit am knisternden Lagerfeuer saßen, fragte er:

„Hast du auch schon von dem seltsamen Wasser gehört, das salzig schmeckt und eine drohende Stimme besitzt?" Der Alte nahm einen Schluck, spuckte ihn in hohem Bogen wieder aus und starrte lange Zeit schweigend vor sich hin.

„Von den Vorvätern wird uns überliefert", begann er bedächtig, „dass jenseits der Berge ein gewaltiges Wasser liegt, weiter als das Auge reicht und größer als alle Ebenen des Landes zusammen. Unheimlich und gefahrvoll ist dieses Wasser, denn mit schäumendem Maul verfolgt die gierige Flut den Menschen bis über das Ufer und brüllt vor rasendem Zorn, wenn ihr die Beute entgeht. In der dunklen Tiefe aber hausen viele furchterregende Ungeheuer, grausamer noch und bösartiger als Kurreah, das heimtückische Krokodil. Bist du solchen Wesen auch begegnet?"

„Wasser und nichts als salziges Wasser habe ich gesehen", antwortete Wurrunnah. „Aber das dumpfe Dröhnen rührte gewiss von den Stimmen der Ungeheuer her, die den Wogen befahlen, mich ins Verderben zu reißen, und die zornig grollten, weil ihnen dies nicht gelang. Ich will zu meinen Brüdern eilen und berichten, was ich erlebt habe."

Am nächsten Morgen gab er dem alten Mann etwas von dem Salzwasser sowie einige Muschelschalen und machte sich wieder auf den Weg.

Um diese Muscheln aber entbrannte bald ein blutiger Kampf zwischen den Stämmen, und bei den großen Tanzfesten trug sie der mächtigste Zauberer am Hals. Nach langer Zeit schließlich verbarg ein schlauer Wirrinun den kostbaren Besitz in seinem Minggah oder Geisterbaum und nahm sein Geheimnis mit ins Grab, als er starb. So kommt es, dass auch heute noch viele Menschen nach den seltsam geformten Schalen suchen, ohne dass irgendjemand ihr wahres Versteck kennt.

Tag um Tag zog Wurrunnah durch das weite Land, oft musste er neue Wassersäcke machen, weil die alten zu lecken begannen. Trotzdem reichte der Vorrat, bis er in Nerangledool, dem Wohnplatz seines Stammes, ankam. Mit ungläubigem Staunen hörten die erfahrenen alten Männer ihm zu und schüttelten voller Verwunderung die weißhaarigen Köpfe. Keiner von ihnen kannte das Land, das Wurrunnah beschrieb, oder konnte sich ein Wasser vorstellen, das größer war als die eigenen Jagdgründe. Jeder Besucher des Lagers wurde vor Wurrunnah geführt, um die sonderbare Geschichte zu hören, und als dieser bald darauf starb, lebte sein Bericht in den Erzählungen der Stammesbrüder fort. Wurrunnahs frühen Tod führte man darauf zurück, dass er sich zu weit von den heimischen Jagdgründen entfernt hatte und ihm aufgrund dieses Verstoßes gegen die Gesetze Baiames kein langes Leben beschieden war.

Seine abenteuerliche Reise aber hatte Wurrunnah zu einem angesehenen und geachteten Mann gemacht. Als er starb, leuchtete ein feuriger Komet über dem nächtlichen Himmel, begleitet von einem lauten, weithin vernehmbaren Donnerschlag. Für die umliegenden Stämme war dies das Zeichen, dass ein mächtiger Geist die Welt der Menschen verließ. Von Generation zu Generation wurde die Geschichte vom großen Wasser überliefert, und auf den Festen des Stammes glänzten die geheimnisvollen Muschelschalen an der Brust der tanzenden Zauberer.

Lange Zeit später, inzwischen waren die weißen Teufel ins Land gekommen, nahmen junge Stammesleute an einem Viehtrieb zur nördlichen Küste teil. Vor ihren Augen wogte das endlose Wasser und dumpf dröhnten die Stimmen der mächtigen Seeungeheuer.

„Lasst uns von dem rauschenden Wasser trinken", schlug der Mutigste vor. „Wenn es nach Salz schmeckt, dann trifft es zu, was die alten Männer erzählen."

Vorsichtig watete er ein Stück vom Uferweg, tauchte seine Bingue in die Brandung, und nacheinander führten die Gefährten die kleine flache Holzschüssel zum Mund.

„Wir wollen heimkehren und allen sagen, dass wir von dem großen salzigen Wasser getrunken haben", rief einer. „Nehmt auch diese seltsamen Muscheln mit, um sie bei den Festen zu tragen."

Sie kamen zurück, und bald sollten die Stämme erfahren, dass Wurrunnah in längst vergangener Zeit seinem Volk die Wahrheit berichtet hatte.

Edith Kohn
Perth – Die gute, heile Welt

Drei Uhr morgens jenseits der Datumsgrenze, in Deutschland ist noch Vortag. Wieviel Uhr ist es also wirklich? Frankfurt am Main ist gestern, auch Bangkok und Singapur liegen weit zurück. Und die aufgeschwollenen Füße passen nicht mehr in die Schuhe.

Vielleicht ist es der geschärfte Sinn für die Relativität von Zeit und Raum, der die Enttäuschung ermöglicht. 23 Stunden Flug an die Westküste Australiens, und wie der Igel im Märchen sind sie schon allhier: dieselben Hamburger-Marken, dieselben weltweit operierenden Autovermietungen, dieselben internationalen Hotelketten. Man ist um den halben Globus geflogen, um nur das Gewohnte anzutreffen, glaubt das Warensortiment der Kaufhäuser zu kennen und sogar die Popmusik, mit der die Produkte an ihre Käufer gebracht werden sollen. Ist das gemeint, wenn von Weltgesellschaft die Rede ist? Morgens um drei präsentiert sich die westlichste Stadt Australiens und Hauptstadt des Staates Westaustralien ungeschützt in der Dunkelheit. Das Gewohnte fällt eben als erstes auf. Und es widerlegt sofort, was Reiseführer und Prospekte unablässig glauben zu machen versuchen: Perth, die viertgrößte Stadt Australiens, sei die einsamste, isolierteste Großstadt der Welt.

Tatsächlich liegt Singapur näher als das 4000 Kilometer entfernte Sydney, und Broome, die nächste größere australische Stadt, ist immerhin 1037 Kilometer weit weg. Die Handelsketten mit ihren grellbunten

Symbolen hat das nicht aufgehalten, im Gegenteil. Es fehlt nichts. Aber wohin ist das Fremde verschwunden? Morgens früh, bei der Ankunft im Hotel, meldet eine gut gelaunte Stimme aus irgendeinem Radio 27,7 Grad Celsius Außentemperatur. Sechs Stunden später sind es gnadenlose 42 Grad. Perth scheinen solche sengenden Temperaturen wenig anzuhaben. Vielleicht ist es der Blick auf die blau-kühle Glitzerfläche des Swan River oder der unvermutete Fallwind zwischen zwei Hochhäusern, der den Eindruck von Luftigkeit aufkommen lässt. Müsste man die Stadt mit einem Wörtchen charakterisieren, man würde sie als anmutig bezeichnen. Unter den fünf australischen Großstädten ist Sydney die europäischste, Adelaide die verstaubt-charmanteste und Melbourne die nichtssagendste. Perth ist die graziöseste.

Die Innenstadt besteht nur aus vier parallel zueinander verlaufenden Straßen mit Cafés, Fußgängerzonen und ihren in den Steinboden eingelassenen Lorbeerbäumchen. Männer mit Aktenkoffern tragen lange Kniestrümpfe zu kurzen Hosen und gelten so als korrekt gekleidet – british colonial. Die Welt der Kleiderordnungen kennt hier ohnedies nur zwei Klassen: casual und smart casual. Frauen in Shorts bis Größe 48, aber auch in eleganten Sommerkleidern, Männer in weißen Hemden mit und ohne Krawatten. In seiner klassischen Strenge wirkt das alte Postamt an der Murray Street ehrfurchteinflößend gebieterisch. Im schweren Dunkel des Parketts in der großzügigen Halle spiegeln sich 100 Jahre, die alten Tische zum Schreiben sind ellbogenhoch. Daneben demonstriert ein ultramoderner „Post Australia Shop", wie Post auch sein kann: Ein bestens sortierter Laden verkauft nahezu jeden Büroartikel, von Briefmarken und bereits vorfrankierten Umschlägen bis zum Klebeband. Zwischen den Türmen eleganter Hochhäuser behaupten sich hier und da kleine, zweigeschossige Gebäude aus dem vorigen Jahrhundert mit verspielten Stuckfassaden.

Wie die Binnenalster in Hamburg zieht sich der Swan River bis zur City. Nur aus der Vogelperspektive ist am oberen Ende der majestätischen Wasserfläche schemenhaft zu erkennen, dass der Flusslauf so etwas wie einen Schwanenkörper bildet. Die Innenstadt lehnt sich an den Kopf des Schwans. Den Hals entlang bis zum Rücken ziehen sich die Villenvororte der Stadt, Dalkeith zum Beispiel, Peppermint Grove oder Clairemont. In den Straßen der City wirkt der Autoverkehr auffällig gedämpfter, ruhiger, unaufgeregter als in europäischen Städten dieser Größe, das Gefühl, von Blechkarossen gejagt zu werden oder gegen den Strom von Fahrzeugen ankämpfen zu müssen, kommt nicht auf. Ein junger Vietnamese schließt sein Fahrrad mit einem leichten Schloss, das in Frankfurt oder New York keine fünf Minuten halten würde. Etwas Sanftes, völlig Unaggressives prägt diese Stadt.

Es ist Mittagszeit und erstaunlich still. In den Fußgängerzonen der Innenstadt flanieren die Angestellten gemächlich an den Schaufenstern entlang. Niemand bewegt sich hektisch. Das Auffälligste und Erstaunlichste an Perth ist, dass es keinen Stress erzeugt. Vielleicht, weil es dazu zu heiß ist. Der Griff um die eigene Handtasche lockert sich intuitiv, man bemerkt an sich selbst, wie die Anspannung nachlässt. Mit 1,2 Millionen Einwohnern hat Perth die Maße einer Großstadt und die Atmosphäre eines Kurortes. Wenn sich der Begriff der Erlebnisgesellschaft irgendwo materialisiert hat, dann hier. Weite Strände mit feinweißem Sand liegen direkt vor der Stadt, und wem der Ozean zu bewegt ist, der kreuzt eben still auf dem Swan River oder ruht im tropischen Grün der städtischen Parks.

Der Unterschied zwischen einer Stadt wie Hamburg und Perth liegt darin, dass die Sonne fast ohne Unterlass dazu drängt, die eigene Arbeitsdisziplin niederzuringen. „Wer arbeitet hier schon gern", sagt Chris, ein touristischer Führer, „wenn man diese ganzen Outdoor-Möglichkeiten hat." Gegen diese Verlockungen kämpft keiner an, warum auch? Die meisten Geschäfte schließen um 16 Uhr 30. Der Rhythmus der Stadt folgt den Freizeitgewohnheiten. Die Langsamkeit braucht hier nicht erst entdeckt zu werden.

Mit Bodenschätzen ist Westaustralien reich gesegnet, hier ist der Westen wirklich aus purem Gold. Doch die Legionen von Schürfern im mörderischen Outback, der Halbwüste da draußen, prägen das Stadtbild von Perth heute nicht mehr, vielleicht taten sie es nie. Dazu ist Perth zu wohlerzogen, zu britisch. Niemandem käme hier in den Sinn, etwa lautstark einen Konflikt vom Zaun zu brechen, Gott bewahre. Anfang der 1950er Jahre fand man Öl vor den Ufern der Stadt, 30 Kilometer südlich der City sollte eine Industrieregion entstehen. Das war damals noch weit weg. Heute erstreckt sich die Stadt etwa 100 Kilometer die Küste des Ozeans entlang. Die Industriezone im Süden ist längst von Wohngebieten eingekeilt. Bis in die 1960er Jahre hinein galt Perth als tiefste Provinz, eine Stadt mit gerade der Hälfte ihrer heutigen Einwohner, vor allem Verwaltungshauptstadt der Gold- und Nickelminen. Aber die einmalige Lage und der Reichtum ließen Perth zu so etwas werden wie der White-Collar-Seite des staubigen und schweißtreibenden Minengeschäfts, zu seinem adrett blitzenden und ein wenig blinkenden Gegenstück, fast einem australischen Houston/Texas. Vor allem in den 1980er Jahren blühte Perth zur Stadt des Wohlstands auf, manche sagen, zur reichsten Stadt ganz Australiens. Perth boomte, und das zog Geschäftsleute aller Art an. Auch die schnellen Jungs, die mit Grundstücken oder Jeansimporten sehr rasch reich wurden, um kurz darauf, im Börsencrash der Wall Street ?89 alles wieder zu verlieren. Die meisten von ihnen lebten an den Hängen über dem Swan River in prunkvollen Villen, die Häuser stehen noch.

Heute fährt dort kaum ein Ausflugsboot entlang, ohne dass ein Ortskundiger in einer Mischung aus

Mitleid und Genugtuung mit dem Finger hinaufzeigte. So als habe der Börsencrash nur noch einmal die australische Lebensweisheit bestätigt, dass die höchste Blume auch als erste beschnitten wird – weshalb von den Perthern auch kaum einer so recht hoch hinaus will. Die Gescheiterten lieferten anschließend in der einzigen ernst zu nehmenden Tageszeitung, dem „West Australian", tagtäglich den Stoff für Seifenopern.

Alan Bond, ein Selfmademan, war der größte von allen und zugleich die Ausnahme. Vielleicht dachte Bond, er könne unsterblich werden, wenn er sich in der Geschichte der Stadt verewigte. Weil er spürte, was den Menschen fehlte, holte er die Seglertrophäe „America's Cup" nach Perth, eine Aufwertung der Stadt, eine Stärkung ihres Selbstbewusstseins, die ihm wohl keiner je vergessen wird. In Fremantle, an der Mündung des Swan River in den Ozean, wo das Rennen ausgetragen wurde, erinnert noch manche der herausgeputzten Fassaden an die Begeisterung dieser Zeit. Der Cup habe Perth erstmals auf die Landkarte gebracht, meinen viele.

Das weltstädtisch anmutende Ensemble der Hochhäuser in der City täuscht. Etwa 75 Prozent der Stadt bestehen aus ein- bis zweigeschossigen Eigenheimen. Die soziale Staffelung lässt sich dabei in den Stadtteilen kaum verhüllen: Sage mir, wo du wohnst oder mit welcher Ziffer deine Telefonnummer beginnt, und ich sage dir, wer du bist. Im Schnitt arbeitet einer drei Jahre für ein Standardhaus mit 140 Quadratmetern und zwei Bädern, sagt Terry Martin, Chief Executive des Ministeriums für Planung. Mietwohnungen gibt es kaum, 28 Prozent der Immobilien teilen sich öffentliche Hand und private Vermieter.

Hohe Palmen säumen die Uferstraßen des Swan River, auch Eukalyptusbäume und sattweiße Frangipani. In Malaysia glaubt man, dass im Strauch der Frangipani der Geist einer Frau lebt. Wer den Geruch seiner Blüten spüre, sei gefährdet, weil er diesem Geist verfallen könne. Es sind solche Geschichten, die den Australiern fehlen, archaische Kulte, Traditionen, Kultur. „Wir haben keine Kultur, dazu sind wir zu jung", sagt Chris. Es klingt bekümmert. Die Aborigines, die Ureinwohner, verfügen schon darüber. Sie stehen auf der sozialen Leiter ganz unten.

Offenbar hatten die Männer, die am 2. Mai 1829 die britische Fahne an der Mündung des Swan River hissten, mit kultureller Tradition auch wenig im Sinn. Land sollte für die Krone gewonnen werden. Der Einsatz von Sträflingen, die als Zwangsarbeiter das Land urbar machten, war dabei recht. 150 Jahre später schämt man sich dieser Vorfahren ein wenig. Heute hat sich die Ansiedlung zu einer Metropole aus Nachbarschaften entwickelt – mit 27 Vororten, die über jeweils eigene politisch-administrative Einheiten verfügen, vergleichbar etwa den Bezirken in Berlin. Die Dezentralisierung der Stadt hat zur Folge, dass man sich jetzt nach Ladenschluss um die entvölkerte City mehr Sorgen macht als um die Vororte.

Seltsam, dass trotz all des Wohlstands die Stadt kein rechtes Selbstwertgefühl entwickelt hat. Der Segen der Freizeitgesellschaft überdeckt nur das Minderwertigkeitsgefühl, mit dem Australier im Allgemeinen und Westaustralier im Besonderen zu kämpfen haben. Wohlstand verhilft nicht automatisch zu Identität. Wer nach Perth auswanderte, wollte vor allem seinen Traum vom materiellen Glück wahr machen. Heute ist man darauf eingespielt, nahezu jedes Übel auf die Entfernungen, auf die Tyrannei der Distanz zu schieben. Canberra, die Regierungshauptstadt Australiens, liegt von Perth etwa so weit weg wie Lissabon von Berlin. Vielleicht aber fiel auch erst in der Annäherung der Kontinente durch die Medien, die Fernsehprogramme und Modems wirklich auf, in welcher Art Mangel man sich da bestens eingerichtet hatte. „Wir sind ja so isoliert, sagen die Leute und entschuldigen damit alles mögliche, zum Beispiel, dass es in Fremantle keine Straßencafés gibt", sagt der Betriebswirt Hellmut Züchner, der 1985 aus Kassel nach Perth auswanderte. „WA, die Abkürzung für Westaustralien, steht auch für wait a while." Doch es stört ihn nicht wirklich. Wo in Deutschland hätte er aus dem Fenster seines Wohnzimmers diesen Blick auf einen Fluss und den Ozean zugleich, einen Pool und Menschen rundum, die sich umeinander kümmern? „Die Verhältnisse sind nachbarschaftlich, aber nicht freundschaftlich", sagt Züchner. Man kümmert sich um den Hund, hat ein Auge aufs Haus, wenn andere verreist sind – mehr nicht. Dass jeder jeden gleich mit Vornamen anspricht, erleichtert die Kommunikation, doch Bindungen erschwert diese Form floskelhafter Distanzlosigkeit eher.

„Hier in Perth ist man nicht an Politik interessiert. Die Leute sind extrem konservativ und liberal zugleich", resümiert Professor Gabai, Historiker an der Universität von Westaustralien. „Die Menschen begeistern sich mehr für ihren Lebensstil als für intellektuelles Leben." Es mag auch daran liegen, daß die Australier des Westens viel zum Bruttosozialprodukt Gesamtaustraliens beitragen, aber wenig zu sagen haben. One man (or woman), one vote – die „Wähler" sind zu wenige, in Perth leben zwei Drittel aller Einwohner [Westaustraliens].

Kunst und Kultur sind Unterhaltung, aber kein gesellschaftliches Ereignis, schnell vergänglicher Genuss. Ein Orchester könne nicht länger als einen Abend lang einen Saal füllen, Sport dagegen schon, meint Gabai. Aber allzusehr leide er nicht darunter. Die Universität versüßt all ihren ständigen Mitarbeitern die Tyrannei der Distanz durch voll bezahlte Reisefreiheit: Alle drei Jahre darf jeder Festangestellte aus dem Lehrkörper auf Kosten der Universität ein halbes Jahr Weltbildungsurlaub machen, das Rundum-die-Welt-Ticket wird bezahlt, sogar auch für Kinder unter 18 Jahren. Dabei ist der Campus der Western Australian für sich schon ein Traum. Unten im Park lässt sich gerade ein Hochzeitspaar für die Ewigkeit fotografieren. Auf dem Gelände mit seinen hohen Palmen, Zypressen und grünschillernden Eukalyptusbäumen, rund um englische Rasenflächen, die aussehen, als seien sie mit der Nagelschere geschnitten, mischen sich botanischer Garten und toskanische Landschaft. Das sepiafarbene Hauptgebäude mit dem roten Ziegeldach, den Rundbögen, Wandelgängen und dem Wasserbassin könnte ebensogut in Perugia stehen.

Blassrosa Hibiskus und purpurfarbene Bougainvilleas wiegen sich sacht in der Brise, die aufkommt. Papageien krächzen. Die Temperaturen sinken binnen Minuten um zehn Grad Celsius, das Klima fordert die Menschen, es lässt sich nicht einfach ignorieren. Perth ist die sonnenreichste Stadt Australiens. An der Bushaltestelle hat die Studentin „no idea", wie viele Kommilitonen etwa hier studieren. Irgendjemand hat einen leeren Einkaufswagen vom Supermarkt ins Gebüsch geschoben, ein leerer Pizzakarton liegt daneben. Im Bus kennt keiner die Kings Street in der Innenstadt. Sie steigen alle am zentralen Busbahnhof aus, es sind Pendler, Pendelstudenten. Das Innere der Stadt kümmert sie nicht.

Endlose Rasenflächen, auf denen sich rhythmisch Bewässerungsfontänen drehen, oder tropische Gärten in Privatbesitz sieht man nirgendwo. Unbebaute Fläche, die einfach nur hergezeigt wird, scheint kein Statussymbol zu sein. Im Gegenteil. An der Millionaires Row kleben die Häuser fast aneinander, ohne Distanz schaffende Grünanlagen. „Die Grundstückspreise sind höher als die Baukosten", sagt Stadtplaner Martin, „hinzu kommt: Perth ist sehr trocken, also sehr wasserintensiv." Vielleicht aber kann man nur in dichtbesiedelten Gegenden durch Gärten, Pavillons oder Parks in Privateigentum räumliche Distanz auch als Luxus erleben. Was sind schon Entfernungen? Ausflügler in Perth fahren am Wochenende leicht 500

Kilometer, um mal rauszukommen und etwa nach Albany zu gelangen. Das Mallorca der Westaustralier heißt Bali.

Kings Park, die schönste der öffentlichen Grünanlagen, liegt hoch über der Stadt. Gewaltige Eukalyptusbäume, ein riesiger Morton-Bay-Feigenbaum, eine Rasenböschung mit wunderbarem Blick. Über dem Swan River vis-à-vis hängt der Himmel voller Wolken, die Sonne geht unter wie ein Feuer. Eine kleine Gesellschaft picknickt an einer der Bänke mit Tisch. Ein paar Schritte weiter verhandelt ein älterer Geschäftsmann in sein Handy. Direkt neben den weißen Villen mit und ohne Säulen beginnt dieser öffentliche Raum. Niemand käme auf die Idee, den Blick über die Stadt als eingeschränkt zu empfinden, nur weil er ihn mit anderen teilen muss. Selbst diese Fläche zählt nicht zu den Statussymbolen.

Einige pflegen Traditionen aus der alten Welt, ohne viel Aufhebens davon zu machen. An der St. George's Terrace, wo elegante Hochhäuser enorme Windstöße produzieren, wirkt die Kathedrale von St. George fast unwirklich. Eine Fahne mit rotem Kreuz auf weißem Grund flattert über der Zinne. Eineinhalb Stunden vor Beginn des feierlichen Gottesdienstes sind die meisten Plätze schon besetzt, Jüngere wie Ältere in Festtagskleidern. Die dreischiffige Kathedrale aus roten Ziegeln stammt aus dem 19., die Orgel aus dem 20. Jahrhundert. So gut besucht sei die Kirche auch sonntags, sagt der Küster, bei den Konzerten mit Renaissancemusik. Man praktiziert seine Religion, ohne damit groß hausieren zu gehen.

Perth präsentiert sich gern als heile Welt, ungestümer vielleicht als andere australische Städte. Die ersten und einzigen beiden grünen Politiker im Bundesparlament Australiens stammen aus dem Westen. An der Ecke zur Barrack Street sitzen vor der Mall ein paar Aborigines auf dem Plattenboden. Die meisten Obdachlosen sind Ureinwohner, viele von ihnen sind

Alkoholiker. „Für Australier stehen sie nicht auf der politischen Agenda", sagt Professor Gabai.

Nicht einmal ein Prozent der Einwohner von Perth sind Ureinwohner, doch diese Minderheit ist die am vielfältigsten repräsentierte. Fast zwei ganze Spalten lang reihen sich die unterschiedlichsten staatlichen und kirchlichen Aborigines-Organisationen im Telefonbuch hintereinander, deren Nutzen die Betroffenen selbst bezweifeln. Wie sollen sich Vertreter zweier Kulturen als Gleiche respektieren, von denen die eine noch vor einer Generation von der anderen wie Freiwild mit der Waffe gejagt wurde? In die Stadtteile, in denen Ureinwohner leben, würden sich weiße Einwohner von Perth nicht ohne Weiteres begeben – für sie sind die Viertel der Aborigines so etwas wie weiße Flecke, selbst auferlegte Tabuzonen.

Nachts bilden die Lichter am Ufer des Swan River eine Bucht fast wie die Copacabana. Die Autos vom Freeway hört man kaum. Es ist nach zehn Uhr, und noch immer sind es über 30 Grad. Es riecht nach Gras und leichtem Wind. Umschlungene Pärchen besetzen die Bänke im Kings Park, ältere Paare schlendern im Dunkeln vorbei. Die Werbeflächen der Hochhäuser strahlen blau. Wo kann man sich sonst nach zehn so sicher fühlen?

Es ist längst nach drei. Hunger treibt in eines der Nachtcafés im Osten der Stadt. Das Lokal gilt als Szenetreffpunkt. Bambusinventar und Hits aus den 1970er Jahren. Deckenventilatoren drehen sich gemächlich. An den meisten Tischen sitzen Gruppen junger Asiaten mit ihren Freundinnen beim Essen. Alles wirkt „trendy". Die frisch gepressten Säfte, die Sandwiches, das Müsli. Die punkige Kellnerin trägt Karmesinrot auf den Lippen. Vielleicht ist dies ein Prototyp des Weltcafés. Bis in fast jedes Detail gibt es das auch in Berlin, Paris oder Frankfurt am Main. Nur die Einteilung in „Raucher" und „Nichtraucher" wird hier strikter befolgt als anderswo.

Ludwig Leichhardt
Die erste Durchquerung Australiens

September 9.1845 – Wir setzten gegen Nord-West bei Nord unsere Reise, und zwar einige Meilen weit durch einen dürftigen Zaserrinden-Wald, fort, bis wir zu steilen Sandsteinanhöhen kamen. Ich wendete mich gegen Norden, fand einen gangbaren Pfad zwischen den Hügeln und kam, nachdem ich einen kleinen sandigen Creek gekreuzt, zu einem Salzwasserflusse so breit, als wir je zuvor einen gesehen. Auf seiner linken Seite erhoben sich hohe Berge. Indem wir ihm in einer Richtung S 60° W aufwärts folgten, wurde sein Ufer zerrissen und die Vegetation reicher. Ein sehr betretener Fußpfad führte uns durch Haufen Muschelschalen zu einem Fischplatze der Eingebornen, an welchem sie ein stehendes Lager zu haben schienen. Die Hütten waren hauptsächlich aus Stangen errichtet und mit Gras und Pandanus-Blättern bedeckt. Die ausgedehnten Feuerstellen enthielten Steinhaufen und eine Unmasse Fischgräten. Das Wehr bestand wie gewöhnlich aus trocknen Stäben und lief an einer Stelle quer durch den Fluss. Unterhalb des Lagers am Saume der Hochwassermarke befand sich eine Süßwasserquelle. Da wir Flutzeit hatten und eine hinreichende Menge süßen Wassers in einem Creek fanden, welcher sich einige hundert Schritt von dem Fischplatze in den Fluss ergoss, schlugen wir unser Lager auf. Ich halte den Fluss für den *Abel Tasman* der holländischen Seefahrer und glaube, dass sich der Calvert mit ihm vereinigt. Die an ihm liegenden Auen waren schön begrast und sehr schwach mit Blutholz, Zaserrinde, der hülsenfrüchtigen Eisenrinde, welche grade blühte, und einem großen Baume mit glatter weißer Rinde, gespreizten Ästen und gefiederten Blättern bestanden. Der Salzwasser-Hibiskus und eine Akazie (Inga Monilifornis) standen auch in Blüte.

Der kleine Creek hatte sich ein Bett durch den Sandstein gebahnt. Er war schmal und enthielt Zufluss von eisenhaltigem Wasser aus Quellen, welche mit hohem Rohre angefüllt und von verschiedenen Bäumen mit dichtem grünen Laube beschattet waren. Die ganze Nacht hindurch quakten die Frösche und zirpten die Grillen. Der Ruf des Ziegenmelkers und das Geschrei der Eulen wurde in allen Richtungen gehört. Im Wasser plätscherten große Fische. Kängurus blökten auf, indem sie am Flusse herabkommend unsere Pferde erblickten. Moskitos hinderten uns durch lautes Summen am Schlafen. Dies Geräusch des tierischen Lebens während der Nacht bildete einen angenehmen Gegensatz gegen die tote Stille, welche uns meist rings am Golf umgeben.

September 10.1845 – Die Ebbezeit war wieder längst vorüber, weshalb wir am Fischplatze nicht übersetzen konnten und daher ungefähr zwei und eine halbe Meile aufwärts gingen, auf unserm Wege noch drei andere Fischstellen antreffend. Dann kreuzten wir den Fluss, dessen Bett sehr breit und mit Busch, flachen Steinen und Sandsteinblöcken bedeckt war. Ein reißender Strom süßen Wassers war nur 15 bis 20 Schritte breit und drei Fuß tief. Auf der linken Seite des Flusses sahen wir vier oder fünf schöne Cycadeen von acht bis zehn Fuß Höhe mit einem sechs bis neun Zoll im Durchmesser starken Stamme. Hohe Sandsteinfelsen zogen sich auf derselben Seite mit dem Flusse parallel laufend in einer Entfernung von zwei oder drei Meilen von ihm hin. Sie waren mit Busch, offnem Buchsbaum- und Zaserrindenwalde bedeckt. Das Auftreten der Cypressfichte, welche in dem Zaserrinden-walde besonders an den Anhöhen und sandigen Abhängen Gruppen bildete, bot einen überraschenden Anblick dar. Von den Grevillea und ebenso von Caly-thrix wurden neue Arten in Blüte gefunden. Jenseits der Anhöhen nahm der hülsenfrüchtige Strauch mit breitem Stamme (Bossiaea) die Stelle der Zaserrinde ein. Einige Pandanus-Creeks waren nach Nord-Ost hinab gerichtet … In der Nacht hörten wir den wohl-bekannten Ruf des von uns so benannten „Gluckvo-gels", welchen wir während des ersten Teiles unserer Reise zuerst in einer Cypressfichten-Gegend getroffen hatten. Sein Wiederauftreten mit dem Cypressfichten-Walde zusammen bestätigte meine Vermutung, dass der Vogel von dem Samen dieses Baumes lebt.

September 11.1845 – … Zu Ende der Tagereise kamen wir an einen schönen sandigen Creek mit großen Was-serhältern. Da ich aus den Haufen zerbrochener Pan-danus-Früchte sah, dass hier Eingeborne und teilwei-se erst ganz vor Kurzem gelagert hatten, trug ich keine Bedenken, unsere Zelte aufzuschlagen. Aber als ich das Wasser kostete, sah ich mich nicht wenig enttäuscht, da ich es so brackig fand, dass es unsere Pferde und Ochsen nicht einmal trinken wollten. Ich brach des-halb mit Charley auf, um Besseres zu suchen. In dem obern Teile des Creek fanden wir einige ganz kürzlich trocken gewordene Wasserhälter. Beim Nachgraben zeigte es sich jedoch, dass sie einen reichlichen Was-servorrat enthielten. Auf diesem kleinen Ausfluge waren wir glücklich genug, mithilfe Springs zwei Emus zu fangen. Der arme Hund erhielt jedoch zwei tiefe Wunden dabei. Die Lagerstellen der Eingebornen zeichneten sich wie gewöhnlich durch Haufen Cythe-rea-Schalen, Austern, Süßwasser-Muscheln und Fisch-gräten aus. Die Süßwasser-Muscheln waren klein und hatten eine gelbliche Farbe.

September 12.1845 – … Ich kostete die schön aussehenden Früchte des Pandanus häufig, wurde aber jedes Mal durch wunde Lippen und die Zunge voll Blasen bestraft. Nach den ersten Malen, wo ich die Frucht aß, bekam ich heftige Diarrhö-Anfälle. Ich konnte nicht ermitteln, wie die Eingebornen die schädlichen Eigenschaften der Früchte beseitigen, die doch, den großen Haufen derselben in ihren Lagern nach zu urteilen, keinen geringen Teil ihrer Nahrung ausmachten. Es schien, als würde die Frucht entweder eingeweicht oder geröstet und zerbrochen, um die Kerne zu erhalten, denn die großen flachen und die dazugehörigen kleineren Steine, welche wir stets fanden, dienten wahrscheinlich dazu, jene zu zerschlagen. Ich glaube, dass sie den genießbaren Mehlstoff, welcher in dem Fasergewebe enthalten ist, durch Waschen erhalten und diese Flüssigkeit trinken, nachdem sie etwas Honig darunter gemischt, und dass sie die großen Kulimans, welche wir so häufig gesehen, dazu gebrauchen. Ich sammelte deshalb einige vollkommen reife Früchte, schabte das Weiche mit einem Messer ab, wusch den genießbaren Stoff heraus und kochte ihn. Durch dies Verfahren hatte er alle Schärfe verloren, war sehr schmackhaft geworden und übte auf die Eingeweide keine schädliche Wirkung aus. Die Frucht muss aber so reif sein, dass sie beinahe selbst vom Baume fällt.

September 14.1845 – Auf der kurzen Strecke von acht Meilen sahen wir über 100 Emus in Truppen von drei, fünf, zehn und mehr zusammen. Sie waren durch den jungen Pflanzenwuchs angezogen worden. Wir erlegten sieben derselben, doch waren sie nicht fett und anscheinend älter als ein Jahr. Das außerordentliche Jagdglück veranlasste mich, den Fluss *Sieben-Emu-Fluss* zu nennen. Indem ich den Spuren Eingeborner folgte, fand ich in dem Bett des Flusses unter dem Ufer eine köstliche Quelle. Das Wasser derselben war schön frisch, das im Flusse etwas brackig. Bis tief in die Nacht hinein waren wir damit beschäftigt, die Emus zu zerschneiden. Ich hatte beschlossen, den nächsten Tag zu rasten; da aber unser Lager in dem Flussbett von dichtem Unterholze umgeben und das Wasser brackig war, abgesehen davon, dass es heftig taute und das junge Futter unserm Viehe schaden konnte, nachdem dieses so lange Zeit trockenes Gras gefressen, hielt ich es für ratsam, die Reise fortzusetzen.

September 15.1845 – … Die Sonne neigte sich stark dem Untergange zu und meine Gefährten waren noch weit hinter mir. Ich kehrte deshalb zurück, um mich von der Ursache ihres Aufenthaltes zu überzeugen und fand, dass sich unser alter Ochs geweigert, seine Last zu tragen. Er war an ein Pferd gebunden worden; doch hatte das arme Tier kaum vermocht einen Schritt zu tun. Seine Schwäche war die Folge einer durch das grüne Futter und das brackige Wasser des Sieben-Emu-Flusses verursachten Diarrhö. Ich wünschte mir Glück, dass ich nicht länger dort geblieben war, da sonst wahrscheinlich meine sämtlichen Ochsen auf gleiche Weise würden zu leiden gehabt haben. Wir lagerten ohne Wasser, indem wir die Pferde fesselten und das Vieh bewachten, welches sämtlich sehr ermüdet war und wenig Lust zum Fressen zeigte.

Unser Emufleisch fing infolge der Hitze und der weiten Tagereise an zu verderben.

September 16.1845 – … Wir kamen zu einem großen Brunnen, in dessen Nähe sich zahlreiche Lagerplätze Eingeborner unter den Ufern eines prächtigen Salzwasser-Flusses befanden. Die Ufer selbst waren mit einem dichten Cycadeenwalde bestanden. Der Brunnen war von Eingebornen angelegt, welche einen Lehmwall darum aufgeworfen hatten, um das süße Wasser zu sammeln, welches spärlich aus einer dünnen Lehmschicht über der Marke des Hochwassers hervorsickerte.

Wir luden unsere Ochsen ab. Nachdem wir jedoch unsere Pferde getränkt hatten, sahen wir, dass der Wasservorrat in dem Brunnen nicht für sie hinreichend war und sich gleichwohl nur sehr langsam wieder ersetzte. Die armen Ochsen mussten deshalb warten, bis sich wieder Wasser gesammelt hatte. Wir mussten es beständig gegen unsere Pferde verteidigen, welche ungeduldig nach demselben drängten oder unruhig wartend an den steilen Abhängen standen wie Hunde und Katzen um den Futternapf, einmal über das andere aus Unzufriedenheit aufwiehernd.

Der Fluss oder Creek, an welchem wir lagerten und den ich *Cycas-Creek* nannte, mündete zwei Meilen hinab in einen größeren Fluss. Derselbe kam von Westen und wurde von mir in Anerkennung der uneigennützigen Unterstützung, welche ich von I.P. Robinson Esq. bei dem Aufbruch der Reise erhielt, *Robinson* genannt. Um mir darüber Gewissheit zu verschaffen, wie weit sich das Salzwasser erstreckte, folgten Charley und ich einem Pfade der Eingebornen. Sechs Meilen weiter verschwand das Salzwasser. Eine Felsklippe trennte es von einer Lache nur unbedeutend brackigen Wassers, an welchem einige Eingeborne lagerten. Sie verließen jedoch die Stelle, sobald sie uns erblickten. Ich überschritt den Fluss und fand auf der linken Seite desselben eine schöne steinige Lagune mit dem Flussbett in gleicher Höhe. Nachdem wir das verlassene Lager besucht hatten, kehrten wir zu unsern Gefährten zurück, bereiteten unser Mittagessen aus Emufleisch, das bereits etwas angegangen war, beluden unsere Ochsen und Pferde wieder und legten den Weg nach der Lagune bei Mondenschein zurück. Ungefähr drei Meilen, ehe wir sie erreichten, mussten wir unsern alten Ochsen abladen, da er sich weigerte, auch nur einen Schritt weiter zu tun; am nächsten Morgen brachten ihn jedoch Herr Calvert und Brown zum Lager.

Indem wir einige Cycas-Gruppen trafen, fanden und kosteten einige meiner Gefährten trockene Früchte, welche heftiges Erbrechen verursachten. Die Eingebornen schienen sich in der jetzigen Zeit hauptsächlich von den Früchten des Pandanus Spiralis und der Cycas zu nähren. Beide erforderten indes unzweifelhaft verschiedene Zubereitungsarten, um ihre schädlichen Eigenschaften zu verlieren. In dem verlassenen Lager der Eingebornen, welches ich gestern besuchte, sah ich einen halben Pandanus-Zapfen mit heißer Asche bedeckt, große Gefäße (Kulimans) mit Wasser gefüllt, in welchem geröstete Samengehäuse eingeweicht waren. Andere Samengehäuse, welche bereits eingeweicht worden waren, rösteten auf Kohlen oder lagen in großer Menge auf Steinen und waren der Samen entledigt. Danach scheint es, als würden die reifen Früchte zum Gebrauche zuerst in heißer Asche gebacken, dann in Wasser eingeweicht, um die in den Fasern enthaltenen Nahrungsstoffe zu erhalten, und danach auf Kohlen gelegt und geröstet, damit sie leichter zerbrechlich waren, um die Kerne zu erhalten.

Auch fand ich, dass Cycas-Früchte in sehr dünne Scheiben geschnitten und dann sehr sorgfältig auf dem Erdboden ausgebreitet worden waren, um sie zu trocknen, wonach die getrockneten Scheiben einige Tage in Wasser gelegt und, nachdem sie gehörig eingeweicht worden sind, mit Teebaumrinde eingewickelt zu werden scheinen, um einem besondren Gärungsprozesse zu unterliegen. Wo das süße Wasser zuerst auftrat, verschwand die Cycas. Sie schien auf den Sandboden in der Nähe des Salzwassers angewiesen zu sein.

September 17.1845 – Ich hielt am Cycas-Creek, um unserm Ochsen zu gestatten, dass er sich erhole, da es leichter für uns war, ihn zu treiben, als sein Fleisch fortzubringen, denn unsere anderen Ochsen waren so schon schwer genug beladen.

Das Emufleisch war so verdorben, dass es einen übeln Einfluss auf unsere Eingeweide ausübte, weshalb ich es für den Hund bestimmte. Da unser Fleisch nicht mehr so nahrhaft war wie früher, war von mir die tägliche Ration von fünf auf sieben Pfund heraufgesetzt worden, davon zwei und ein halbes Pfund zum ersten, ebenso viel zum zweiten Frühstücke und zwei Pfund zum Mittagessen.

Herr Roper hatte sich wieder so weit erholt, um sein Pferd ohne fremde Hilfe besteigen zu können.

Des Mangels von Kleidungsstücken wegen befanden wir uns in sehr großer Verlegenheit. Die wenigen Hemden, welche wir mitgenommen hatten, waren so dünn und fadenscheinig geworden, dass sie durch die leiseste Anspannung zerrissen. Um Zeug zum Ausbessern zu erhalten, hatten wir die Ärmel abgeschnitten, und als diese verbraucht waren, von dem untern Teile der Hemden Teile genommen, um den obern instand zu setzen. Unsere Beinkleider bestanden durchwegs aus Läppchen. Der Mangel an Seife gestattete uns nicht, sie zu waschen. Unsere Schuhe hatten wir indes dadurch, dass wir sie auf der Reise längs der Ostküste durch die Mokassins verwahrten, so geschont, dass jeder von uns damit gut versehen war, besonders nach dem Tode Gilberts, dessen Kleidungsstücke ich unter meine Gefährten verteilt hatte.

September 18.1845 – Ich ging mit Charley ab, um die Gegend zwischen dem Cycas-Creek und dem Robinson zu untersuchen. Wir kreuzten den Fluss vermittelst eines Felsendammes. Unterhalb desselben befand sich noch ein anderer, an welchem die Eingebornen einen kunstlosen Steinwall zum Fischfang errichtet hatten. Wir fanden hier den Panzer eines Krokodils und in der Nähe unseres Lagers am Cycas-Creek den Schädel eines andern … In einem Lager fanden wir zerschnittene und auf dem Erdboden zum Trocknen ausgebreitete Cycas-sowie einige Pandanus-Früchte in großen Gefäßen eingeweicht. In der Asche lagen Emuknochen, und Fett von diesem Vogel war zusammengewickelt zwischen der Teebaumrinde der Hütte verborgen. Ein kleines Paket enthielt roten Ocker zum Bemalen ihres Körpers und einige größere Cycas-Samen, welche zum Gären zugerichtet zu sein schienen. Sie waren von mehliger Beschaffenheit und unschädlich, hatten aber einen üblen Geschmack und Geruch, ähnlich dem deutschen Käse. Auch lagen ein sehr großer aus Grünstein verfertigter Tomahawk und einige Fächer aus Emufedern da.

September 21.1845 – ... Als wir durch den Zaserrinden-Wald kamen, hörten wir das Rufen einiger Eingeborner hinter uns. Als sie nahe genug waren, stieg ich vom Pferde und ging langsam auf sie zu. Es war ein alter Mann mit drei oder vier jungen Wilden. Als ich ihnen mehrere Ringe und Schnallen gab, überreichten sie mir einige Schmuckgegenstände, womit sie sich selbst geputzt. Es waren wohlgebaute, gut aussehende Leute. Ein junger Mann, der sich den Körper rot gefärbt hatte, war ziemlich hübsch zu nennen, obgleich sein Gesichtsausdruck etwas Wildes und Scheues an sich hatte. Sie schienen alle beschnitten zu sein. Auf meine Frage nach Wasser zeigten sie nach der Richtung, welche wir eingeschlagen, und schienen sagen zu wollen: Es ist entfernt, aber bedeutend – „Baco! Baco! Umara!", wiederholten sie unaufhörlich mit Nachdruck.

Diese Eingebornen mussten mit Weißen oder Malayen zusammengekommen sein, denn sie kannten den Gebrauch der Messer und schätzten diese so hoch, dass einer von ihnen sein Weib für ein solches bot. Ebenso schienen sie von dem Gebrauche unserer Feuergewehre unterrichtet zu sein. Ohne Zweifel hatten sie Malayen gesehen und wahrscheinlich hatten einige von ihnen jene nach ihren Inseln begleitet, denn es ist ein gewöhnlicher Gebrauch der Malayen, einige Eingeborne mit nach Hause zu nehmen, um sie sich freundlich zu stimmen, wenn sie in diese Teile des Golfs kommen, um Trepang zu fischen.

Unsere Tagereise zog sich in die Länge, weshalb unser alter Ochs anfing zurückzubleiben und sich zuletzt, unfähig weitergehen zu können, hinlegte. In der Hoffnung, Wasser zu finden, setzte ich die Reise fort, bis mich der sinkende Tag nötigte zu bleiben. Während der Nacht bewachten wir gewöhnlich unsere Ochsen. Ich war äußerst besorgt, als ich fand, dass ein anderes, ein junges, aber fettes Tier so sehr gelitten hatte, dass ich fürchtete, wir würden bald genötigt sein, ihn zu schlachten.

September 22.1845 – Drei Meilen vor unserm Lager legte sich der Ochse wieder hin. Sobald der Mond aufgegangen war, brach ich mit Charley auf, um ihn herzuholen. Als wir aber zu der Stelle kamen, war er fort. Das ungewisse Mondlicht machte es uns unmöglich, seinen Spuren zu folgen. Da die Nacht sehr kühl war und die Auen und Niederungen des Flusses einen dichten Nebel aufsteigen ließen, machten wir ein Feuer an, um an demselben den Tagesanbruch zu erwarten. Durch einen äußerst unseligen Zufall fing mein Hut Feuer und war in einem Augenblicke vernichtet, in solchem Klima für mich ein sehr herber Verlust, da ich täglich einer mächtig wirkenden Sonne ausgesetzt war. Ich versuchte einen kleinen Sack aus derbem Segeltuche anstatt jenes zu gebrauchen, indem ich das lange Ende über mein Gesicht bog, um dieses vor der Sonne zu schützen.

Als sich die Sonne erhob, folgten wir den Spuren des Ochsen sechs Meilen weit durch die Gegend. Im Lager wurde er sofort geschlachtet, abgezogen und geviertelt und zerschnitten. Das Fleisch war nicht gut zu nennen, denn es war von einem alten, schweren Stücke.

Bei dieser Gelegenheit machten wir eine wichtige Entdeckung, aus welcher wir später bedeutenden Nutzen zogen. Es wurde ein Teil von der Haut des Ochsen getrocknet und der Suppe, welche über Nacht kochte, hinzugefügt. Wir fanden, dass dadurch das geschmacklose Fleisch unserer so herabgekommenen Ochsen verbessert wurde. Den Magen bereiteten wir uns auch zu, da für unsern trefflichen Hund Spring noch Emufleisch vorhanden war. Einen Topf Tee bereiteten wir uns zum letzten Male am 22., sodass wir von nun an allein auf Rindfleisch und Wasser angewiesen waren.

Durch reinen Zufall entdeckten wir die merkwürdige medizinische Wirkung von der klebrigen zähen Absonderung der Samengefäße einer hängenden Grevillea. John Murphy, welcher in seinen Beinkleidern keine Tasche hatte, steckte die unterwegs gesammelten Samen in die Brust unmittelbar auf die Haut, wo er bereits eine große Menge Sterculia-Samen hatte. Er fühlte bald ein heftiges Jucken, welches von dem Samen ausging. Im Lager angekommen empfand er heftige Schmerzen, und als er seine Brust untersuchte, sah er zu seinem großen Schrecken, dass die Haut auf der Oberbauchgegend schwarz gefärbt und mit einer großen Menge schmerzender Bläschen bedeckt war. Als er es mir zeigte, glaubte ich, es wäre durch die Stacheln der Sterculia verursacht, welche die Haut gereizt und für die scharfen Eigenschaften der Grevillea-Samen empfänglicher machte. Als indes Brown auf seinem Arme die Haut mit dem Stoffe der Grevillea in Berührung brachte, zeigten sich sofort die Bläschen.

September 24. 1845 – Als Charley mit den Pferden von dem obern Teil des Flusses zurückgekehrt war, berichtete er, dass er mehrere Kängurus und eine Menge Spuren von Emus und Krokodilen gesehen hätte. Seinem Berichte nach breitete sich der Fluss (Mac Arthur) in ein weites sandiges Bett aus und war mit Bäumen und Sträuchern bestanden. Sein Lauf war gegen Westen gerichtet, wohin sich unabsehbare Ebenen ausdehnten. Die Bohne des Mackenzie wächst längs des Flusses in Mengen und war mit reifen Samen bedeckt. Ich ließ soviel wie möglich zu Kaffee davon sammeln. Sie gestatteten uns, während der nächsten drei Wochen wieder einen Topf Kaffee zu kochen. Derselbe wirkte anfangs etwas erschlaffend, doch bald waren wir so daran gewöhnt, dass er uns ebenso erquickte wie wirklicher.

Cees Nooteboom
Leere umkreist von Land

Am darauffolgenden Tag mache ich mich auf den Weg zum heiligen Stein, Uluru oder Ayer's Rock. Der geweihte Ort der Pitjantjara ist zum Symbol Australiens geworden, ein roter Kieselstein von neun Kilometer Umfang, 348 Meter hoch. Vergiß die Größe und das, was er ist, eine *Mona Lisa* in Form eines Steins, der wie ein Rätsel mitten im Flachland liegt. Genausowenig wie die Mona Lisa wird dieser Stein seinen Fotos gerecht. Er ist nicht von Menschen geschaffen, das macht seine Rätselhaftigkeit größer oder kleiner, je nach Betrachter.

Ich hatte nicht vor, mich von einem Stein einschüchtern zu lassen, doch so leicht kommt man nicht davon, dafür liegt er dort zu provozierend. Einfach ein großer Stein, sagt man sich, nicht mal eine Pyramide mit ihrem Mysterium von sakralem oder mathematischen Zauber. Ein letzter Backenzahn im offenen Maul der Wüste. Aber so funktioniert das nicht, kein Rationalismus kommt gegen die Verlockung an, gegen die Blutfarbe, die schroffe Absonderlichkeit, die ungereimte Form.

Der Weg zu ihm ist lang, und das paßt. Das Auge hat Zeit, alles wahrzunehmen, den grauen Raubvogel, der seine zwanghaften Kreise zieht, die Wildpferde an einer schlammigen Tränke. Wieder sind die Straßen leer, wieder steige ich aus, in die Stille, gehe durch ausgetrocknete, obszön geschuppte tote Flußbetten, umringt vom gestrandeten, ausgelaugten Wrackholz unvorstellbarer Überschwemmungen.

Mystisches Naturerleben, das ist verdächtig, gehört zu einer verschwundenen Zeit, aber ich kann mir nicht helfen, in diesen Landschaften werde ich zum Schwelger, zum Schmachter, ich verspüre die tiefe Befriedigung eines aus seiner Zeit gefallenen Idioten, geschuldet dem Unheil, das die „Tachtigers" [Achtziger; Name einer Gruppe von Dichtern und Schriftstellern, die ab 1880 die niederländische Literatur von Grund auf erneuerten] mit ihren Naturbeschreibungen während meiner Internatsjahre bei mir angerichtet haben, Vermächtnis der Romantik. Völliger Blödsinn, wenn ich vom Weg abkäme, wäre ich innerhalb von zwei Tagen tot, ich habe hier nichts zu behaupten. Und darüber hinaus stimmt noch etwas anderes nicht, denn warum nenne ich die seltsamen, von Menschenhand geschaffenen Konstruktionen *schön*, die von Zeit zu Zeit mitten in dieser Einöde stehen, diese merkwürdigen Gebilde, Pfahlwerke aus glänzendem Aluminium, Modernismen, die der Vorstellung von Natur ja gerade widersprechen oder sie gar zunichte machen müßten? Es sind nicht die wenigen Rastplätze mit Menschen, sondern diese menschenlosen, futuristischen Strukturen, die die Einsamkeit steigern. Ihre rätselhaften, aufwärts gerichteten Paneele beschwören die Idee menschlicher Absicht und Gemeinschaft, doch es ist, als wollten sie sich mit dem Spinifex und den harten, trockenen Sträuchern messen, sich ebenfalls zur Natur erklären, geschaffen für eine noch unwirtlichere Ordnung.

Inzwischen bin ich vom Stuart Highway auf die Piste zur Wallara Ranch abgebogen. Im Rückspiegel sehe ich den roten oder orangefarbenen Staub, den ich aufwirble. Zuweilen kommt mir von fern eine ähnliche Staubwolke entgegen, zwei rollende Eruptionen, die sich gegenseitig mit roter Asche überschütten. Bei der Kernot Range stoße ich wieder auf die Straße nach Ayer's

Rock, doch vorher möchte ich noch in die Olga Mountains. Auch dies eine Piste, der Wagen gleitet durch Pfützen von Sand. Die Olgas sind höher als Ayer's Rock, aber sie sind kein Monolith. „Kata Tjuta" nannten die Aborigines sie, viele Köpfe, und genau so sehen sie aus, runde, rote Köpfe in der Ferne. Auch dies ist ein heiliger Ort aus der Traumzeit, man hat eine mehrere Kilometer lange Kletterstrecke bis zu der Stelle markiert, von der aus man das Valley of the Winds sehen kann.

Es ist heiß, Schwärme kleiner Fliegen umschwirren meinen Kopf, ich binde mir ein Taschentuch an die Sonnenbrille, damit sie mir nicht in Mund und Augen geraten, und so werde ich zu einer wandelnden Komposition, ich kann den Schwarm einen Ton höher singen lassen, indem ich ihn verjage. Aus der Nähe betrachtet haben sich die vielen Schädel in einfache Hügel verwandelt, erst später, als ich oben bin und über die Schädeldecke gehe, kehrt das Bild zurück.

Doch wessen Schädel mag das sein? Vorsichtig gehe ich über den glatten roten Stein und schaue auf den Teil, der hinter mir liegt, wüstes, gezacktes Gebirge, Spalten, rostfarbene Wände mit Wölbungen und Einbuchtungen, die einer Schrift gleichen, nicht zu deuten. Auf der anderen Seite liegt das Valley of the Winds, doch die Bäume und Sträucher bewegen sich nicht, und falls es dort Menschen gibt, kann ich sie nicht sehen.

Ich setze mich auf einen Fels, möglichst geduckt, möglichst leise, eine Anwesenheit, die nur für mich etwas bedeutet. Die Weite der Ebene dort unten, die sich westwärts über Tausende von Kilometern bis nach Kalgoorlie erstreckt, saugt mich auf, ich komme mir fremd vor in dieser Grenzenlosigkeit, bis ein kleines Flugzeug über mich hinwegfliegt, herumschwenkt, einen langsamen Bogen über das Tal beschreibt und wie eine Fliege wieder im Blau verschwindet.

Der Abstieg ist schwieriger als der Aufstieg, Vögel lachen mich aus, als wüßten sie, was mich nach dreißig Kilometern am großen Felsen erwartet: Sonnenuntergang und hundert Busse und Autos. Zuerst sehe ich aus der Ferne nur diesen mächtigen, skurrilen Stein daliegen, die Form, die überraschende Farbe, doch näher gekommen, sehe ich die Autos, die Busse, die die Passagiere aus den Flugzeugen und die Tagesausflügler von Alice Springs hierhergebracht haben. Es war natürlich unsinnig zu denken, man könnte hier allein sein, doch die Idiotie des Spektakels, die parkenden Autos auf dem abgesteckten Gelände, die Fläche zwischen den Menschen und dem Berg, die geflüsterte Stunde des Sonnenuntergangs, zu dem sie alle pünktlich gekommen sind, die Blicke auf Armbanduhren, die Kameras, die gespannte Erwartung, als könnte die Sonne sich doch noch entschließen, an diesem Tag nicht unterzugehen – und dann, natürlich, die Apotheose, die große Farborgie, das Aufleuchten, Orange, Rot, das unbändige Purpur, gefolgt von Verdüsterung, Verdunkelung, Umnachtung, nächste Vorstellung: morgen. Ich habe mich irgendwo abseits auf den Boden gesetzt und warte, bis der Jahrmarkt abzieht mit den Geräuschen und der Stimmung wie nach einem großen Feuerwerk, eine geteilte Ekstase.

1872 erblickte der erste Weiße Uluru. Was heilig war, wurde entweiht, was jahrtausendelang tabu gewesen war, wurde geschändet, die Tränken für das Wild, die wenigen Quellen an seinem Fuß wurden gestört. In der zweiten Hälfte des zwanzigsten Jahrhunderts forderten die Aborigines ihr Gebiet zurück und bekamen es auch. Uluru wurde Nationalpark, man erbaute das futuristische Yulara, ein mit rosa Segeln bespanntes Visitors' Centre, Unterkünfte für die Touristen. Ich schlafe dort in einer Art Camp, einem steinernen Zimmer mit Stockbetten, es gibt öffentliche Duschen, Grillstellen, an denen die Australier große Fleischstücke rösten. Abends sehe ich einen Film über Wüstentiere und schließe mich dann einer Gruppe an, die mit einem Ranger zu einer ruhigen Stelle geht, um den Sternenhimmel zu betrachten. Brav und still blicken wir zum Kreuz des Südens hinauf.

Am nächsten Morgen gehe ich noch einmal zum Felsen. Ich sehe eine dünne Menschenreihe hinaufklettern, doch aus einem mir selbst nicht ganz ersichtlichen Grund ist mir nicht danach, vielleicht will ich ihn nicht kleiner machen. Statt dessen gehe ich um den Felsen herum, mal dicht daneben, mal in größerem Abstand, durch brennendes offenes Feld oder durch parkähnliche Anlagen, immer jedoch, ob nah oder weiter weg, diese blutige, schrundige, gewölbte Wand des Gebäudes neben mir, das nie gebaut wurde. Antoni Gaudí hätte es gern entworfen, denke ich, als ich an einem Punkt angelangt bin, an dem eine Welle im Augenblick ihres Brechens versteinert ist, doch solche Gedanken sind lediglich Annäherung, ein Versuch zu benennen, der an der Dichte des Steins, der Geschlossenheit der Form abprallt.

Nach dreißig Kilometern, nach fünfzig, als ich auf dem Rückweg einen Sandhügel erklettere, um ihn noch einmal zu sehen, bin ich noch immer nicht weitergekommen. Die Skulptur, die ich an diesem Morgen noch gesehen habe, die Wände, an denen ich so lange entlanggegangen bin, sie sind wieder weggewischt, zu diesem Stein geschrumpft, der sich aus der Ebene der Welt herausgehoben hat, eine Schöpfung ohne Münder und Ohren, so still wie ein Stein.

Bruce Chatwin
Die Sache mit dem Bild

Ich mochte Enid Lacey. Ich hatte schon ein paar Stunden in ihrem Buchladen verbracht. Sie wusste sehr genau, wie man Bücher verkaufte. Sie hatte fast jedes Buch über Zentralaustralien gelesen und war bemüht, jeden lieferbaren Titel vorrätig zu halten. In dem Raum, der als Kunstgalerie diente, standen zwei Sessel für ihre Kunden. „Lesen Sie so lange, wie Sie wollen", sagte sie. „Kein Zwang!" – wobei sie natürlich nur zu gut wusste, dass man, wenn man erst einmal in dem Sessel saß, nicht ohne zu kaufen fortgehen konnte.

Sie war eine alte „Territorianerin", Ende sechzig. Ihre Nase und ihr Kinn waren ausgesprochen spitz; ihr Haar war kastanienbraun, aus der Flasche. Sie trug zwei Brillen an Ketten und ein Paar Opalreifen an ihren sonnenwelken Handgelenken. „Opale", sagte sie zu mir, „haben *mir* nichts als Glück gebracht."

Ihr Vater war Manager einer Rinderfarm in der Nähe von Tennant Creek gewesen. Sie hatte ihr Leben lang mit Aborigines gelebt. Sie ließ nicht mit sich spaßen und bewunderte sie insgeheim.

Sie hatte die ganze ältere Generation australischer Anthropologen gekannt und hielt nicht viel von den neuen, den „Jargonkrämern", wie sie sie nannte. Die Wahrheit war, dass sie, obwohl sie sich anstrengte, mit den neuesten Theorien Schritt zu halten, obwohl sie sich mit den Büchern von Lévi-Strauss plagte, nie große Fortschritte gemacht hatte. Trotzdem schlug sie, wenn Aborigine-Angelegenheiten zur Sprache kamen, einen besonders feierlichen Ton an und änderte die Pronomen von „ich" zu „wir", wobei sie nicht den Pluralis majestatis meinte, sondern das „wir", das die gesamte wissenschaftliche Gemeinde einschloss.

Sie hatte als eine der ersten den Wert der Pintupi-Malerei erkannt.

Da sie eine gerissene Geschäftsfrau war, wusste sie, wann sie einem Maler Kredit geben, wann sie ihm Geld vorenthalten und dass sie die Bezahlung gänzlich verweigern musste, wenn sich der Künstler in einer Saufphase befand. Wenn also einer ihrer „Boys" auf schwankenden Beinen bei Geschäftsschluss erschien – was der Öffnungszeit vom Frazer-Arms-Pub entsprach –, schnalzte sie mit der Zunge und sagte: „Du meine Güte! Ich kann den Schlüssel für die Kasse nicht finden. Du musst morgen früh wiederkommen." Und wenn der Künstler am nächsten Morgen wiederkam, dankbar, seinen Verdienst nicht vertrunken zu haben, drohte sie ihm grimmig mit dem Finger und sagte: „Du gehst doch nach Hause? Jetzt gleich? Nicht wahr?" „Ja, Mam!", sagte er dann, und sie gab ihm eine kleine Extrasumme für die Frau und die Kinder.

Mrs. Lacey zahlte sehr viel weniger für Bilder als Galerien in Sydney oder Melbourne, aber sie verlangte auch weit weniger für die Bilder, und die Bilder wurden immer verkauft.

Manchmal beschuldigte sie ein weißer Sozialarbeiter, die Maler zu „schröpfen" – doch auf irgendeine Weise wurde das Geld aus Sydney oder Melbourne immer für Aborigine-Genossenschaften abgezweigt, während Mrs. Lacey auf der Stelle und in bar zahlte. Ihre „Boys" wussten, was für sie von Vorteil war, und kamen immer wieder in die Buchhandlung zurück.

Wir folgten Stan nach drinnen.

„Du kommst zu spät, Dummkopf!" Mrs. Lacey rückte ihre Brille zurecht.

Er ging zwischen zwei Kunden und dem Bücherregal langsam auf ihren Tisch zu.

„Du solltest am Dienstag kommen", sagte sie. „Der Mann aus Adelaide ist gestern bei mir gewesen. Jetzt müssen wir einen ganzen Monat warten."

Die Kunden waren ein Paar amerikanischer Touristen, die sich überlegten, welchen von zwei Farbbildbänden sie sich kaufen sollten. Der Mann hatte ein gebräuntes, sommersprossiges Gesicht und trug blaue Bermudas und ein gelbes Sporthemd. Die Frau war blond, mit einem hübschen, aber etwas angespannten Gesicht, und sie trug ein mit Aborigine-Motiven bedrucktes rotes Batikkleid. Die Bücher waren *Australian Dreaming* und *Tales of the Dreamtime*.

Old Stan legte das Paket auf Mrs. Laceys Tisch. Sein Kopf schwankte hin und her, während er eine Entschuldigung murmelte. Sein muffiger Geruch erfüllte den Raum.

„Dummkopf!" Mrs. Lacey hob die Stimme. „Ich habe es dir tausendmal gesagt. Der Mann aus Adelaide will nicht Gideons Bilder. Er will deine."

Arkady und ich bleiben in einiger Entfernung im Hintergrund bei dem Bücherregal mit den Aborigine-Titeln stehen. Die Amerikaner waren hellhörig geworden und lauschten.

„Ich weiß, über Geschmack lässt sich nicht streiten", fuhr Mrs. Lacey fort. „Er sagt, dass du der beste Maler in Popanji bist. Er ist ein großer Sammler. Er muss es ja wissen."

„Tatsächlich?", fragte der Amerikaner.

„Tatsächlich", sagte Mrs. Lacey. „Ich kann alles verkaufen, was Mr. Tjakamarra produziert."

„Könnten wir etwas sehen?", fragte die Amerikanerin. „Bitte?"

„Das kann ich nicht entscheiden", erwiderte Mrs. Lacey. „Da müssen Sie den Künstler fragen."

„Können wir?"

„Können sie?"

Stan zitterte, zuckte mit den Achseln und bedeckte sein Gesicht mit den Händen.

„Sie können", sagte Mrs. Lacey süß lächelnd und schnitt mit ihrer Schere die Plastikhülle auf.

Stan nahm die Hände vom Gesicht, ergriff das eine Ende der Leinwand und half Mrs. Lacey, sie zu entrollen.

Das Bild war ungefähr einen Meter zwanzig auf ein Meter groß und hatte einen pointillistischen Hintergrund in verschiedenen Ockertönen. In der Mitte war ein großer blauer Kreis, um den mehrere kleine Kreise verstreut waren. Jeder Kreis hatte einen scharlachroten Rand und alle waren durch ein Gewirr von flamingorosa Schlangenlinien, die ein bisschen wie Eingeweide aussahen, miteinander verbunden.

Mrs. Lacey setzte ihre zweite Brille auf und sagte: „Was haben wir da, Stan?"

„Honigameise", flüsterte er mit heiserer Stimme.

„Die Honigameise", sagte sie, an die Amerikaner gewandt, „ist eines der Totems in Popanji. Dieses Bild ist ein Honigameisen-Traum."

„Ich finde es wunderschön", sagte die Amerikanerin gedankenschwer.

„Ist das eine Art normale Ameise?", fragte der Amerikaner. „Eine Art Termite?"

„Nein, nein", sagte Mrs. Lacey. „Eine Honigameise ist etwas ganz Besonderes. Honigameisen ernähren sich vom Mulgasaft. Der Mulga ist ein Baum, den wir hier in der Wüste haben. Den Ameisen wachsen Honigbeutel auf ihrem Hinterteil. Sie sehen aus wie helle Plastikblasen."

„Tatsächlich?", sagte der Mann.

„Ich habe sie gegessen", sagte Mrs. Lacey. „Köstlich!"

„Ja", seufzte die Amerikanerin. Sie hatte ihre Augen auf das Bild geheftet. „Auf seine Art ist es wirklich wunderschön!"

„Aber ich kann in diesem Bild keine Ameisen sehen", sagte der Mann. „Wollen Sie etwa sagen, dass es wie … dass es ein Bild von einem Ameisennest ist? Dass diese rosa Röhren so etwas wie Gänge sind?"

„Nein." Mrs. Lacey blickte leicht entmutigt. „Das Bild stellt die Reise des Honigameisen-Ahnen dar."

„Dann ist es so was wie eine Straßenkarte?", grinste er. „Ja, ich hab' mir gleich gedacht, dass es wie eine Straßenkarte aussieht."

„Genau", sagte Mrs. Lacey.

Die amerikanische Ehefrau öffnete und schloss mittlerweile mehrmals die Augen, um zu sehen, welchen Eindruck das Bild auf sie machen würde, wenn sie sie schließlich offen hielt.

„Wunderschön!", wiederholte sie.

„Nun, Sir!", wandte sich der Mann an Stan. „Essen auch Sie diese Honigameisen?"

Stan nickte.

„Nein! Nein!" kreischte die Ehefrau. „Das habe ich dir heute morgen erzählt. Das eigene Totem isst man *nicht*! Man kann getötet werden, wenn man seinen eigenen Ahnen isst!"

„Schatz, dieser Gentleman sagt, dass er Honigameisen isst. Ist das richtig, Sir?"

Stan nickte erneut.

„Ich bin ganz durcheinander", sagte die Frau in gereiztem Ton. „Wollen Sie damit sagen, dass die Honigameise nicht Ihr Traum ist?"

Stan schüttelte den Kopf.

„Und was *ist* Ihr Traum?"

Der alte Mann zitterte wie ein Schuljunge, der gezwungen ist, ein Geheimnis preiszugeben, und brachte keuchend das Wort „Emu" hervor.

„Oh, ich bin *so* durcheinander." Die Frau biss sich enttäuscht auf die Lippen.

Ihr gefiel dieser alte Mann mit dem weichen Mund und dem gelben Hemd. Ihr gefiel der Gedanke, dass die Honigameisen ihren Weg durch die Wüste träumten, während die helle Sonne auf ihre Honigbeutel schien. Sie hatte das Bild gemocht. Sie hatte es besitzen, es von ihm signieren lassen wollen, und jetzt musste sie alles neu überdenken.

„Vorausgesetzt" – sie sprach die Worte langsam und vorsichtig aus –, „wir hinterlegen das Geld bei Mrs. ...?"

„Lacey", sagte Mrs. Lacey.

„... glauben Sie, dass Sie uns einen Emu-Traum malen und uns das Bild ... und dass Mrs. Lacey uns das Bild in die Vereinigten Staaten schicken könnte?"

„Nein", fiel Mrs. Lacey ein. „Das kann er nicht. Kein Künstler malt seinen eigenen Traum. Er ist zu mächtig. Er könnte ihn umbringen."

„Jetzt bin ich *vollkommen* durcheinander." Die Frau rang die Hände. „Sie meinen, dass er seinen eigenen Traum nicht malen kann, sondern nur den Traum eines anderen?"

„Jetzt hab ich's", sagte der Mann und sein Gesicht leuchtete auf. „Er kann keine Emus essen, aber Honigameisen kann er essen?"

„Sie haben es", sagte Mrs. Lacey. „Mr. Tjakamarra kann keinen Emu-Traum malen, weil ein Emu sein väterliches Totem ist und es ein Sakrileg wäre, wenn er es täte. Er kann die Honigameise malen, weil sie das Totem vom Sohn des Bruders seiner Mutter ist. Das ist doch richtig, Stan? Gideons Traum ist die Honigameise?"

Stan blinzelte und sagte: „Richtig!"

„Gideon", fuhr sie fort, „ist Stans Ritualmanager. Sie sagen sich gegenseitig, was sie malen können und was nicht."

„Ich glaube, ich verstehe", sagte die Amerikanerin unsicher. Aber sie wirkte noch immer ziemlich verwirrt und brauchte Zeit, um ihren nächsten Gedanken in Worte zu fassen.

„Sie sagten, dass dieser Mr. Gideon ebenfalls Maler ist?"

„Das ist er", pflichtete Mrs. Lacey ihr bei.

„Und er malt Emu-Träume?"

„Das tut er."

„Großartig!" Die Frau lachte unerwartet und klatschte in die Hände. „Wir könnten von jedem eins kaufen und sie nebeneinander aufhängen."

„Aber Schatz", sagte der Ehemann in dem Bestreben, sie zu beruhigen. „Erst müssen wir einmal feststellen, ob dieses Honigameisenbild überhaupt zu kaufen ist. Und wenn ja, für wieviel?"

Mrs. Lacey klimperte mit den Wimpern und sagte schalkhaft: „Das kann ich nicht sagen. Da müssen Sie den Künstler fragen."

Stan rollte die Augen, sodass man bloß noch das Weiße sah, und kräuselte die Lippen. Offensichtlich dachte er an eine Summe – die Summe, die er von Mrs. Lacey bekam – und verdoppelte sie. Offensichtlich war es nicht das erste Mal, dass er und Mrs. Lacey diese Nummer vorführten. Dann senkte er den Kopf und sagte: „450."

„Australische Dollar", fuhr Mrs. Lacey dazwischen. „Natürlich kommt noch meine Kommission dazu. Zehn Prozent! Das ist nur recht und billig. Und ich muss 20 für Farbe und Leinwand hinzurechnen."

„Prozent?"

„Dollar!"

„Nur recht und billig", sagte der Mann und wirkte geradezu erleichtert.

„Es ist wirklich wunderschön", sagte die Frau.

„Bist du jetzt glücklich?", fragte er sie in schmeichelndem Ton.

„Und wie", sagte sie. „Ich bin *so* glücklich."

„Kann ich mit American Express bezahlen?", fragte er.

„Gewiss", sagte Mrs. Lacey. „Solange Sie nichts dagegen haben, auch deren Kommission zu zahlen."

„Nur recht und billig", sagte der Mann und schluckte. „Aber jetzt will ich wissen, was los ist. Mit dem Bild, meine ich."

Arkady und ich schlichen uns von hinten an die Amerikaner heran und sahen, wie Old Stan mit seinem knochigen Finger auf den großen blauen Kreis auf der Leinwand zeigte. Es war, erklärte er, die ewige Heimstatt des Honigameisen-Ahnen in Tátátá. Und plötzlich war es, als könnten wir die Honigameisen sehen, Reihe um Reihe, mit ihren gestreiften, glänzenden Körpern, zum Bersten voll mit Nektar in ihren Zellen unter den Wurzeln des Mulgabaums. Wir sahen den Ring flammendroter Erde um den Eingang zu ihrem Nest und die Routen ihrer Wanderungen, bei denen sie in andere Richtungen aufbrachen.

„Die Kreise", fügte Mrs. Lacey hilfreich hinzu, „sind die Zeremonienzentren der Honigameisen. Die ‚Röhren', wie Sie sie nennen, sind Traumpfade."

Der Amerikaner war in Bann geschlagen. „Und können wir uns diese Traumpfade ansehen? Da draußen, meine ich? In Ayer's Rock, zum Beispiel? Oder an einem ähnlichen Ort?"

„Das können sie", sagte sie. „*Sie* nicht."

„Das heißt, sie sind unsichtbar?"

„Für Sie ja. Für sie nicht."

„Und wo sind sie?"

„Überall", sagte sie. „Soviel ich weiß, führt ein Traumpfad mitten durch mein Geschäft."

„Wie unheimlich", kicherte die Frau.

„Und nur *sie* können sie sehen?"

„Oder singen", sagte Mrs. Lacey. „Es gibt keinen Pfad ohne ein Lied."

„Und diese Pfade führen überallhin?", fragte der Mann. „Durch ganz Australien?"

„Ja", sagte Mrs. Lacey und seufzte befriedigt auf, weil sie einen überzeugenden Satz gefunden hatte. „Das Lied und das Land sind eins."

„Erstaunlich!", sagte er.

Die Amerikanerin hatte ihr Taschentuch hervorgezogen und tupfte sich die Augenwinkel. Ich glaubte einen Moment, sie würde Old Stan küssen. Sie wusste, dass das Bild für Weiße gemalt worden war, aber er hatte ihr einen flüchtigen Einblick in etwas Seltenes und Seltsames gewährt, und dafür war sie ihm sehr dankbar.

Mrs. Lacey rückte ihre Brille zurecht, um das American-Express-Formular auszufüllen. Arkady winkte

Stan zum Abschied, und wir hörten das triumphierende *Rrumms* der Maschine, als wir auf die Straße hinaustraten.

„Was für eine Frau", sagte ich.

„Ganz schön unverfroren", sagte Arkady. „Kommen Sie, wir nehmen einen Drink."

Roland Dusik
Coober Pedy – Das Erdloch
des weißen Mannes

Aus dem Opal Inn dringt das Gejohle der Betrunkenen in die schwüle Sommernacht. Nicolai, der Ex-Fremdenlegionär, liegt bäuchlings wie tot auf dem Billardtisch, bunte Holzkugeln zwischen den weit auseinander gespreizten Armen und Beinen, die lehmverkrusteten Füße bizarr zur Decke gerichtet, wo ein altersschwacher Ventilator behäbig abgestandenen Schweiß- und Bierdunst mit bläulichem Zigarettenqualm verquirlt. Die Bar ist umringt von einer Horde wilder Kerle, die eben dabei sind, sich um den Verstand zu trinken. Ein Stubbie – eine kleine Flasche – Victoria Bitter noch fest von schwieligen Fingern umklammert, lässt Mirko, der Kroate mit den traurigen Augen, seinen Kopf auf die tätowierten Unterarme sinken. Jedermann in Coober Pedy nennt ihn „Baden-Baden", weil er dort vor Jahren im Kasino fast die gesamte halbe Million verspielte, die er in einer einzigen Glücksnacht aus seiner Opalmine geholt hatte. Costa, ein bulliger Grieche mit rotgebranntem kahlem Schädel, tanzt vor der Jukebox und präsentiert dabei der Säufergemeinschaft das blanke Hinterteil. Andere Pub-Besucher grölen Lieder, reißen zotige Witze oder starren mit glasigem Blick die beiden jungen Frauen an, die sich hinter dem Tresen zwischen Zapfhahn, Gläserregal und Kasse abmühen, die zudringlichen Hände zurückschlagen, die nach ihnen grabschen.

So ist ein Samstagabend im staubigen Outback-Nest Coober Pedy, das sich selbst den Beinamen „Opal

Capital of the World" verliehen hat. Wie es scheint, wird hier das meiste Geld für Alkohol ausgegeben. Wie Schiffbrüchige dem rettenden Ufer treiben die Männer am Wochenende den Kneipen zu, die gewissermaßen das Lebenszentrum des Ortes sind. Weit mehr als Schankstätten sind sie geschäftliche Dreh- und Angelpunkte, Treffpunkte der Gemeinde, Informationsbörsen und Austragungsorte legendärer Trinkgelage. Je nach Alkoholpegel bieten die Spelunken von Coober Pedy eine ideale Gelegenheit, mit Einheimischen Kontakt zu bekommen. Allerdings irrt, wer glaubt, einem „Digger" bei ein paar Bierchen seine Geheimnisse entlocken zu können – das Thema „Opale" ist im Pub tabu. Über Fundstätten und Schürfmengen spricht man nicht. Und keiner der Männer käme je auf die Idee, seine Ausbeute im Pub zur Schau zu stellen – aus Angst vor Banden, die nachts fremde Minen ausplündern, und wegen der Steuerfahndung. Aus diesem Grund leben in Coober Pedy wohl auch einige der am besten getarnten Millionäre der Welt.

Coober Pedy ist die einzige Ortschaft zwischen Port Augusta an der Südküste und Alice Springs im „Roten Herz" des fünften Kontinents. Die Straßenkarte verleiht dem Ort Größe und Glanz einer Mittelstadt. Doch wenn ein Reisender auf dem Stuart Highway, der großen australischen Nord-Süd-Traverse, die knapp 700 Kilometer von Port Augusta heraufgefahren kommt, dann wirkt Coober Pedy zunächst wie ein Schock. Es ist ein gottverlassener Fleck in Nirgendwo und sieht aus wie eine Kulisse aus einem endzeitlichen Mad-Max-Film. Nähert man sich dem trostlosen Ort, gewinnt man den Eindruck, er könnte irgendwo auf dem Mond liegen. In dieser wüstenähnlichen Landschaft des südaustralischen Outback, wo sich nur verdörrtes Mulga- und Mallee-Gebüsch und stacheliges Spinifex-Gras im steinigen Boden festgekrallt haben, liegen von rotem Staub überzogene Autowracks, rostige Lastwagen und zerbeulte Arbeitsmaschinen. Vor allem aber sind Erdhügel zu sehen – als hätten Tausende riesige Maulwürfe im Boden gewühlt.

Eigentlich gibt es nichts als braunroten Sand und Fliegen in Coober Pedy. Aber in der Erde stecken Opale. Steine im Gegenwert von etwa 50 Millionen Dollar werden jedes Jahr ausgegraben, aber man sagt, dass noch einmal soviel an den Büchern der Steuerbehörde vorbeigeschmuggelt wird. Für die funkelnden Kostbarkeiten buddelt man unermüdlich bis zu jenem Punkt, an dem die Sandsteinschichten auf Tonerde treffen. Hier sind die möglichen Fundstätten – manchmal zehn, manchmal 20, höchstens 30 Meter tief. Über 30 Opalfelder erstrecken sich rund um Coober Pedy über eine Fläche, die zehn Kilometer südöstlich des Ortes beginnt und 35 Kilometer nordwestlich bei der bizarren Marslandschaft The Craters endet, inzwischen von Abertausenden bereits aufgegebener Schächte und Stollen durchlöchert wie ein Schweizer Käse. Es ist kein Wunder, dass man den Ortsnamen Coober Pedy von den Wörtern Kupa Piti aus der von einfachen Bildern geprägten Sprache des Aborigines abgeleitet hat. Er bedeutet „Erdloch des weißen Mannes".

Die Einöden von Coober Pedy wurden schon 1915 als Schatztruhen erkannt. Ein Jahr zuvor hatte der Geschäftsmann Peter J. Winch in Adelaide eine Goldsucher-Expedition unter Leitung des erfahrenen Prospektors Jim Hutchison ausgerüstet. Im Dezember 1914 startete der Trupp im südaustralischen Marree, das damals, gegründet von einem bayerischen Auswanderer namens Hergott, den Namen Hergott Springs trug, mit sechs Kamelen und exakt 636 Liter Wasser. Das Unternehmen war ein Fehlschlag, und die Männer traten den Rückweg an, ohne eine Spur des begehrten Edelmetalls entdeckt zu haben. Ende Januar 1915 schlugen die Abenteurer für einige Tage ihre Zelte im Carryingallama Creek nahe der Stuart Range auf. Ein letztes Mal machten sich die Männer auf die

Suche nach Gold. Auch Wille Hutchison, der 14 Jahre alte Sohn des Expeditionsleiters, beteiligte sich daran. Und er kam als einziger nicht mit leeren Händen zurück, sondern mit Steinen, die magisch im schwindenden Abendlicht glühten: rot, grün, blau, gelb. Der Junge hatte das ergiebigste Opalfeld der Welt entdeckt.

Die Digger der ersten Stunde feierten ihren Triumph so lautstark, daß sich bald Armeen von Schatzsuchern in den Sand wühlten. Die Opalfunde zogen Tausende von Menschen an, eine Zelt- und Barackenstadt wuchs über Nacht aus der kargen Halbwüste. Heute durchsuchen zwischen 2000 und 4000 Schatzsucher die Erde. Coober Pedy, wo rund 80 Prozent der Weltproduktion an Schmuckopalen gefördert werden, gilt als die weltweit größte Schürfstätte, und obwohl seit 1916 ununterbrochen gegraben wird, schätzt man, dass bislang kaum fünf Prozent der Steine, die in diesem Gebiet vorhanden sind, abgebaut wurden.

Erstaunlich ist, dass es unter den „opalverrückten" Einwohnern von Coober Pedy nur verhältnismäßig wenige echte „Aussies" gibt. Denen sei die Arbeit zu mühsam, heißt es. Menschen aus über 50 Nationen, vor allem Emigranten aus Griechenland, Italien, dem ehemaligen Jugoslawien und auch Deutschland, hat es in die Geröllwüste verschlagen, und Coober Pedy ist dadurch zu einer Art Schmelztiegel der Kulturen geworden. Obwohl das Opalfieber, das Ende der 1970er Jahre aufgrund der damals starken Nachfrage aus Europa, Japan und den Vereinigten Staaten einen spektakulären Höhepunkt erreichte, mittlerweile abgeklungen ist, zieht die Jagd nach den edlen Steinen immer noch Glücksritter aus aller Welt an – und alle haben die gleiche Chance. Wer im Büro des Government Mining Registrar 35 australische Dollar sowie eine gültige Arbeitsgenehmigung auf den Tisch legen kann, erhält ein Miners Right, eine Schürferlaubnis, mit der man seinen eigenen 50 mal 50 Meter großen

Claim abstecken kann. Einzige Bedingung: Man muss mindestens 26 Stunden in der Woche in seiner Mine arbeiten. Aber wer soll schon nachprüfen, ob jeder den Kampf gegen sich besteht – in einer heißen Halbwüste, die sich, wenn an wenigen Tagen im Jahr dunkle Wolken aufziehen und sich Regen in Sturzbächen entlädt, zu einer unpassierbaren Masse aus zähem, rotem Schlamm verwandelt.

Viele haben schon in Coober Pedy ihr Glück versucht und sind schnell wieder weitergezogen, weil sie die harten Lebens- und Arbeitsbedingungen nicht ertragen. Martin ist einer von denen, die geblieben sind. Mit seiner Frau Ann ist er Anfang der 1980er Jahre hierhergekommen, zunächst ohne auch nur einen einzigen Dollar Profit zu machen. Überlebt haben sie nur, weil Ann als gelernte Krankenschwester im Community Health Centre von Coober Pedy Arbeit fand. Erst als Martin auf dem Deadman Gully Field einen Claim eintragen ließ, kam die Wende. „Im ersten Monat haben wir Opale für 10 000 Dollar rausgeholt", sagt er. „Und das ging dann so weiter. Über zwei Jahre lang haben wir fast jeden Tag Opale gefunden." Martin und Ann gehören zu den Erfolgreichen in Coober Pedy. Sie können sich eine Eigentumswohnung am Bondi Beach, dem Glamourstrand von Sydney, leisten und dort Urlaub machen, wann immer ihnen der Staub, die Hitze und die Fliegen zu lästig werden.

Was Martin erzählt, klingt einfach. Du musst nur ein Loch in den Boden bohren, und zwar so tief, bis du auf eine opalhaltige Gesteinsschicht stößt. An dieser Schicht arbeitest du dich entlang – und dann greifst du dir, mit etwas Glück, deine Belohnung, sagt er. Dann setzt er einen Bohrer an und bricht Sandsteinbrocken heraus, die zu einer Zeit entstanden, als Zentralaustralien von einem seichten Tropenmeer überflutet war. Die Gesteinstrümmer werden mit einem riesigen „Staubsauger", einem sogenannten Blower, nach oben befördert, wo man sie später nach Opalen durchsiebt.

Andere Opalsucher treiben ihre Stollen mit Gruben-
baggern und Fräsmaschinen vorwärts, wieder andere
mit Spitzhacke und Dynamit – jeder so, wie er es sich
leisten kann, denn das Startkapital für die technische
Ausrüstung summiert sich rasch auf einige zehntau-
send Dollar. Stößt jemand auf eine Ader, wird er das
gewiss nicht an die große Glocke hängen. Noch immer
ist nämlich der „Ratting" genannte Raubabbau ein
großes Problem. Mit sicherem Gespür steigen die Rat-
ter nachts in fremde Minen ein und räumen den ertrag-
reichen Flöz aus. Dies ist der Grund, weshalb fündig
gewordene Digger auf ihren Claims schlafen – das
Gewehr griffbereit neben dem Schlafsack. Früher
machte man mit auf frischer Tat ertappten Minenräu-
bern meist kurzen Prozess – sie verschwanden auf Nim-
merwiedersehen in einem der zahllosen aufgelassenen
Schächte. Und auch heute noch kommt es vor, dass
Opalpiraten auf offener Straße, oft unter den Augen der
Ortspolizisten, gnadenlos verprügelt werden.

Längst nicht jeder in Coober Pedy kann einen solchen Erfolg wie Martin und Ann vorweisen. Für viele
enden die Träume von Glück und Wohlstand in Enttäuschung und Verzweiflung. Steve, ein stämmiger
Australier, ist einer der Verlierer, für die Coober Pedy
zu einer Art letztem Strohhalm geworden ist. Lastwa-
genfahrer, Schafscherer, Rodeoreiter – das sind nur
einige Stationen in seinem Leben. Zusammen mit seinem Kumpel Grant rackert er sich zwölf Stunden am
Tag, sieben Tage in der Woche in seinem Stollen auf
dem 17-Mile-Field ab. „Es ist ein verdammt harter
Job", sagt er, „aber ich muss es schaffen. Mir fehlen nur
noch ein paar tausend Dollar für ein Auto und einen
Wohnanhänger. Sobald ich das Geld beisammenhabe,
haue ich von hier ab!"

Neben den professionellen Opaldiggern gibt es
noch Besucher auf Zeit in Coober Pedy, die sich auf
Noodling, wie die Suche nach Restopalen in Abraumhalden genannt wird, beschränken. Dafür benötigt

man weder eine Lizenz noch eine aufwendige Ausrüstung. Nach einem ungeschriebenen Gesetz sind alle Edelsteine, die sich um Coober Pedy nicht in, sondern auf der Erde befinden, Allgemeineigentum. Die besten Chancen, auf von Profischürfern übersehene Opale zu stoßen, hat man in der Umgebung von Minen, in denen gerade gearbeitet wird. Man kann auch Ausschau halten nach Aborigines, die Abraumhalden durchsuchen, da die Ureinwohner als erfahrene Noodler gelten. Vor allem Touristen aus Übersee wühlen mit bloßen Händen, aber voller Begeisterung im Dreck, viele von ihnen in der Hoffnung, mit dem Verkauf eines entdeckten Edelsteins ihr Reisebudget aufbessern zu können. Genährt werden solche Träume von Tourveranstaltern mit Geschichten wie der von einer Besucherin aus England, die für einen in einer Geröllhalde gefundenen Opal angeblich über 2000 Dollar erhielt. Die meisten Amateur-Opalsucher kehren aus der rostroten Einöde allerdings nur mit staubiger Kleidung und schmutzigen Händen zurück.

Ein Großteil der in Coober Pedy geschürften Opale wird gleich am Ort geschliffen und dann vor allem von Einkäufern aus Bangkok und Hongkong, die regelmäßig mit Aktenkoffern voller 100-Dollar-Scheine in Coober Pedy auftauchen, erworben. Auch viele Touristen bringen von ihrer Australien-Reise einen je nach Laune der Natur in allen Farben des Regenbogens schillernden Opal mit nach Hause, wobei freilich wichtig ist, die Unterschiede zwischen den Schmuckstücken zu kennen: Ein solider Opal ist ein durch und durch natürlicher, sehr wertvoller Stein. Bei einer Doublette handelt es sich um eine dünne Scheibe Opal, die auf einen schwarzen Grund, entweder auf einen billigen Halbedelstein oder auf einfaches Glas, geleimt ist. Ein Drilling ist eine Doublette, auf die zum Schutz der Farben noch ein klares Quarzkristall geklebt wird. Doubletten und Drillinge kann man als Laie nur bei losen Steinen erkennen, nicht aber bei schon verarbeiteten. Deswegen ist es ratsam, nur in renommierten Fachgeschäften zu kaufen.

Um in dieser Einöde, in der die Quecksilbersäule an heißen Sommertagen nicht selten auf mehr als 50 Grad klettert, zu überleben, hat man eine eigene Technik entwickelt: Man hat sein Domizil unter die Erde verlegt. Viele Edelsteingräber und ihre Familien hausen in ehemaligen Bergwerksstollen oder in Höhlen, die sie in Berghänge getrieben haben. Diese durchweg geräumigen Erdwohnungen (sogenannte Dugouts) mit mehreren, oft recht komfortabel ausgestatteten Zimmern bieten ihren Bewohnern trotz einer nicht zu leugnenden Bunkeratmosphäre verschiedene Vorteile: eine über das Jahr fast konstante Innentemperatur von 20 bis 25 Grad sowie Schutz vor dem puderfeinen Staub, dem gleißenden Licht und mit etwas Geschick auch vor den lästigen Fliegenschwärmen. Nicht zu vergessen der Kostenfaktor: Der mit Maschinen innerhalb von einer Woche aus dem Gestein herausgefräste „Rohbau" ist bereits für einige tausend Dollar zu haben. Zudem spart man sich die hohen Stromkosten für Klimaanlage und elektrische Heizung, wenn in kalten Wüstennächten die Temperaturen gelegentlich bis unter den Gefrierpunkt sinken.

Das traute Heim unter die Erde zu verlegen ist nicht nur bequem, es hat auch historische Gründe. Die ersten Weißen, die nach Coober Pedy kamen, reisten mit Kamelen und hatten nur das Allernötigste dabei – Baumaterialien gehörten nicht dazu. Inzwischen gilt das Leben im menschlichen Fuchsbau durchaus als schick. Nicht nur Privatwohnungen befinden sich in Coober Pedy unter Tage, sondern auch Geschäfte, Restaurants und einige Hotels, die Touristen eine stilvolle Unterkunft bieten. Und wer Gott dafür danken möchte, daß er in seiner Opalmine fündig wurde, kann dies unterirdisch tun – in der katholischen Sankt Peter and Paul Underground Church und in der anglikanischen Catacomb Church. Einige Opalgräber haben mittlerweile ihre Bohrmaschinen an den Nagel gehängt und vermieten statt dessen ihre Erdwohnungen an Touristen.

Das eindrucksvollste Beispiel für diese Outback-Wohnkultur ist der Dugout von Crocodile Harry an der 17-Mile-Road. Crocodile Harry, eines der echten Outback-Originale, ist vermutlich der einzige Baron der Welt, der in einem Erdloch residiert. Er stammt aus Lettland, wo er als Arvid, Sohn des deutschstämmigen Baron von Blumental, aufgewachsen ist. Seinen wie die Kirchen auf griechischen Inseln weißgetünchten Dugout hat er mit viel Gips in ein skurriles Gesamtkunstwerk verwandelt. Rostige Autoauspuffe führen hier ein neues Dasein als Kandelaber, Schmetterlinge aus Styropor flattern an den Felswänden, ein lebensgroßes Krokodil aus Zement reißt mitten im Wohnzimmer drohend sein Maul auf. Sein Meisterwerk aber ist ein Frauentorso mit riesigen Brüsten: Drückt man einen Knopf am Nabel, strömt etwas tiefer wie bei einem Zapfhahn Bier aus der Figur. Harry nennt das Outback-Humor.

Harry ist schon über 70 Jahre alt, aber noch immer sieht dieser Mann mit seinem muskulösen Oberkörper, der behaarten Brust, den weißgrauen Bartstoppeln und den stahlblauen Augen wie ein Junger aus. Nach Australien verschlagen hat es ihn nach dem Zweiten Weltkrieg, angeblich, als er den Würfel entscheiden ließ, wohin er auswandern sollte. Zunächst war er Krankenpfleger, Anstreicher und Lagerarbeiter. Dann versuchte er als Krokodiljäger das große Geld zu machen, verdingte sich als Uranprospektor und Landvermesser, bis er eines Tages, im Jahre 1969, in Coober Pedy landete. Seitdem lässt ihn das Opalfieber nicht mehr los. Er hat erlebt, wie Freunde Millionäre wurden und andere als Krüppel, Säufer, Schläger und Mörder endeten. Er selbst stieß in seiner Mine zwar auf Opale, von denen er gut leben kann. Der große Wurf freilich ist jedoch bis heute ausgeblieben. „Doch in Coober Pedy gibt man nie die Hoffnung auf", sagt er, „auch nicht als alter Mann."

Andreas Obst
Der Curdimurka Outback Ball

Wo nichts ist, müssen Worte her, um Halt zu geben. „The Outback" haben die Australier jenen Teil ihres Kontinents genannt, der braun ist, heiß und staubig, sonst nichts. Übersetzungen des Begriffs können sich der Wirklichkeit womöglich annähern, treffen werden sie kaum. Das Outback ist eine metaphysische Landschaft. Jeder versteht etwas anderes darunter. Eine ungefähre Ahnung von der entmutigenden, alles verschlingenden Leere unten am Boden bekommt man beim Blick aus dem Flugzeugfenster. Mit dem Start in Adelaide, Kleinstadt mit einer Million Einwohnern, dabei Heimat von zwei Drittel der Bevölkerung des riesigen Bundesstaats South Australia, bleiben auch die Farben zurück. Dann sind da nur noch das geradezu schmerzend intensive Blau des Himmels und das Braun auf dem Boden. Hellbraun, Dunkelbraun, Rotbraun, Schwarzbraun, Ockerbraun, Gelbbraun. Man wird ganz benommen davon. Dort links die Opalfelder: Ob wir sie sehen können, fragt der Pilot nach fast einer Flugstunde über die Schulter in die Kabine. Es ist nichts zu erkennen, alles ist braun.

Ein anderer Ort ganz in der Nähe, wo es nichts zu sehen gibt, heißt The Knob, er ist immerhin auf der Flugkarte verzeichnet, ebenso Twin Hill, Tent Hill, Chinaman Hat Hill. Wer sich wohl die Mühe gemacht hat, diese Bezeichnungen zu erfinden? Früher gab es hier sogar eine Eisenbahnlinie, von Adelaide und Port Augusta in den Norden, und auch zwischen den Orten

Marree, einst Hergott Springs, heute ein Nest mit 100 Einwohnern, und Oodnadatta. Da sich in dieser Region eine große Zahl Auswanderer aus Afghanistan niedergelassen hatte, nannte man die Strecke bald „The Ghan". Doch die Trasse führte durch unsicheres Land, bei schweren Regenfällen wurde sie unterspült, in heftigen Sandstürmen zugeweht, immer wieder musste sie repariert werden. Vor 20 Jahren hatte man genug davon und legte kurzerhand eine neue Trasse, 200 Kilometer weiter westlich, ein Katzensprung für Outbacker. „Abandoned" steht heute neben der Linie, die auf der Flugkarte die alte Eisenbahnstrecke bezeichnet: aufgegeben. Das Wort trifft genau.

Auch Curdimurka lag einst direkt an der „Old Ghan"-Bahn. Immer noch steht das Schild „Railway Crossing" am Gleis, und nach wie vor deutet der Richtungsanzeiger nach Alice Springs: 477 Kilometer. 750 Kilometer sind es nach Adelaide. Bis 1980 war ein Trupp Eisenbahnarbeiter in der Abgeschiedenheit von Curdimurka stationiert, die Männer hatten die Aufgabe, einen 30 Kilometer langen Streckenabschnitt befahrbar zu halten – bei jedem Wetter. Die Sandstürme und der Regen haben von der alten Station nicht viel übriggelassen. Heute käme wohl kaum einer auf den Gedanken, hier zu verweilen.

Doch als wir an diesem Morgen über Curdimurka eine letzte weite Schleife ziehen, bevor der Pilot zur Landung auf dem holprigen Airstrip ansetzt, ist alles anders. Über mehr als einen Kilometer erstreckt sich entlang der Landebahn eine Stadt aus Zelten, allradgetriebenen Fahrzeugen und Bussen. Ein gigantischer Duschwagen mit zwei Eingängen – einer für Frauen, einer für Männer – markiert den Beginn des Areals, gleich daneben geht es zu den Toiletten. Leere Benzinfässer sind in den Boden gerammt, bedeckt durch ein Brett mit kreisrunder Öffnung; die Abteile sind durch fadenscheiniges Sackleinen getrennt. Dann hat man einen Wellblechmantel um die Anlage gezogen, links das Schild „Male" angebracht, rechts „Female". Outbacker sind praktisch.

In der Nähe des Wasserspeichers der alten Bahnstation wurden 1000 Quadratmeter Holzplatten als Tanzfläche verlegt, über der Bühne wölbt sich ein Himmel aus Scheinwerfern. Neben dem Podium ragen gigantische Verstärkertürme in die Höhe. In einem weißen Zelt werden Souvenirs angeboten, die den Sinn der Australier fürs Praktische spiegeln: Styropor-Manschetten, um die Bierdose kühl zu halten, Kappen gegen die brennende Sonne, T-Shirts mit der Aufschrift „Ich habe Curdimurka überlebt". Es ist der Tag des Curdimurka Outback Balls.

Noch bevor Anfang der 1980er Jahre die alte Eisenbahnlinie demontiert wurde, hatte der aus Adelaide stammende Geschäftsmann Simon Coxon mit einigen Freunden die Ghan Railway Preservation Society gegründet, mit der eher vagen Absicht, „die Erinnerung an eine große Pionierleistung" zu erhalten. Es ist ihm gelungen, ein paar Kilometer Schienenstrang beidseits der Station Curdimurka vor dem Abriss zu bewahren. Dafür wurde Coxon selbst zum Pionier. 1986 lud er 100 Freunde und Verwandte zu einem fünfgängigen Candlelight-Dinner an weißgedeckten Tischen mit Tafelsilber und Kristallgläsern mitten in die Wüste, zwei Jahre später veranstaltete er in Curdimurka den ersten Outback Ball. 200 Gäste kamen und tanzten unter den Sternen, die hier über der unbewohnten Wüste mit einer Intensität leuchten, dass man meint, die Himmelskörper mit Händen greifen zu können. Inzwischen ist das im Zweijahresrhythmus ausgerichtete Fest für die Erhaltung der Curdimurka-Station längst zum Kultereignis geworden. 4000 Besucher wurden an diesem sonnigen Samstag im Oktober erwartet, aus allen Teilen des Landes, Geschäftsleute aus Adelaide, Sydney, Melbourne und Brisbane, aber auch die Minenarbeiter und Farmer aus der Region. Die Kleiderordnung macht sie für diesen Abend gleich:

Smoking und Abendkleid. Was man an den Füßen trägt hingegen ist Privatsache, da lässt sich hier im Outback auch niemand hereinreden.

Schon am Freitagabend sind die ersten eingetroffen, als gälte es, sich dort, wo nichts ist, den besten Platz zu sichern. Eher nahe den Duschen oder doch lieber ein wenig weiter weg von der Tanzfläche, dem zu erwartenden Lärm der Nacht? Die meisten haben sich im eigenen Auto auf den Weg gemacht, begleitet von den vorbereitenden Mahnungen des Veranstalters, nicht in Staubwolken zu überholen und vor allem nachts auf Kängurus und Vieh zu achten, die immer wieder überraschend die Straße kreuzen. Man konnte aber auch in Adelaide einen Fünf-Sterne-Sonderbus besteigen und sich 15 Stunden durch die Nacht fahren lassen.

Auch der Flugzeugparkplatz entlang des Airstrips füllt sich jetzt am späten Vormittag langsam. Es gilt als standesgemäß, zum Outback Ball mit der eigenen zweimotorigen Maschine anzureisen. Die Flugzeuge werden von einer Gruppe aus Brisbane lautstark begrüßt. Sie haben ihre Klappstühle in einer Reihe entlang der Landebahn aufgestellt und unterhalten sich und eine ständig größer werdende Zahl Zuschauer damit, für jeden Start und jede Landung Noten zu geben wie beim Eiskunstlauf. Bei besonders schönen Landungen springen sie auf und werfen die Hände in die Höhe. Aus der Ferne betrachtet – Ferne ist im Outback leicht zu gewinnen, wenn man nur ein paar Schritte in die Wüste geht – ähneln sie aufgeregt flatternden Geiern, die sich um eine Handvoll Knochen streiten.

Andere verbringen den Nachmittag damit, die Gegend zu erkunden. Im Osten ist das Ufer von Lake Eyre South zu erkennen, zusammen mit Lake Eyre North das größte Gewässer Australiens, ein Salzsee, der freilich meist trocken liegt. Ein paar Kilometer auf der Sandpiste nach Westen stößt man auf brackige Wasserlöcher vulkanischen Ursprungs: In dem Loch „The Bubbler" bilden sich von Zeit zu Zeit braune Blasen, die anschwellen wie der Kaugummi vor dem Mund eines Kindes, um dann mit dumpfem Geräusch zu zerplatzen. Es riecht schlecht dabei. In Coward Springs planschen einige Camper in dem Wasserloch von der Größe des Tauchbeckens einer Hotelsauna. Wir schauen ihnen eine Weile zu und verscheuchen Fliegen.

Nicht die Hitze oder der Staub, auch nicht die Einsamkeit und die immergleichen Ansichten, wohin man schaut: Die Fliegen sind die wahre Geißel des Outbacks. Sie sind überall. Auf Armen und Händen, im Haar, in den Ohren, den Augen, der Nase, im Mund. Es beeindruckt die Fliegen nicht im Geringsten, wenn man mit den Armen rudert. Noch nicht einmal der Rauch der Zigaretten hält sie fern. Kaum angekommen, beginnen wir das Outback zu verfluchen.

Warum wir hier sind, wird zur pragmatischen, dann zur philosophischen Frage. Was hat der Mensch in der Wüste verloren? Sollte man das Outback nicht gleich ganz den Fliegen überlassen? Aber nein, sagen die Australier, das Outback lebt – und wir lassen es hochleben. Wen stört es schon, daß es sich dabei um importiertes Leben handelt, verpflanzt dorthin, wo nichts wächst – für einen Tag, eine Nacht. Australier sind kommunikativ aus Prinzip, sie feiern gern und trinken noch lieber, beides am liebsten an ungewöhnlichen Orten. Seit jeher werden im Outback Pferderennen veranstaltet, Leguan-Rennen, auch Menschen rennen um die Wette, oder sie sitzen beieinander und hören sich eine Oper an. Im nächsten Jahr wird die neuseeländische Sopranistin Kiri Te Kanawa in der Wüste erwartet. Der Curdimurka Outback Ball ist da nur eine weitere Wirklichkeit gewordene Schnapslaune in der langen Reihe bizarrer Outback-Aktivitäten.

Wir fahren zurück zu unseren Zelten und setzen uns in den Schatten. Bislang scheint uns das Setting des Balls eher dem Schauplatz eines Rockfestivals im Sauerland zu ähneln – während der dritten Umbaupause. Verdrossen verscheuchen wir die Fliegen vor dem Gesicht und warten ab. Darauf, dass die Schlangen vor den Duschen kürzer werden, die Hitze sich legt, der Staub am Boden bleibt, das Brot auf dem Tisch nicht mehr nach Sand schmeckt. Genausogut könnte man darauf warten, dass sich die Wüste in einen schattigen Garten verwandelt. Einer fragt, mehr sich selbst als unseren neuen australischen Freund Geoff, was die Fliegen wohl machen, wenn keine Menschen in der Nähe sind. „Warten", antwortet Geoff.

Die Dämmerung kommt unerwartet schnell. Wie wir hinterher wissen werden, ist es die schönste halbe Stunde des Curdimurka Outback Balls. Mit der Dämmerung verschwinden die Fliegen, als hätte es sie nie gegeben. Das Licht wird warm, die Temperatur erträglich. Aus den geöffneten Zelten treten Frauen und Männer in Abendgarderobe ins Freie, zwischen den geparkten Autos entsteht ein leises, fröhliches Durcheinander, wie man es womöglich von den letzten Vorbereitungen vor der Weihnachtsbescherung in Erinnerung hat. Es liegt ein betörend sanftes Summen in der Luft, der Klang der Erwartung. Alle werden eins, Verschwörer im Outback, man lächelt einander zu, wechselt schnurrend Komplimente. Eine bittet die Nachbarin um Haarspray, der andere darum, beim Schließen der Manschettenknöpfe behilflich zu sein. Zwei Damen teilen sich einen Auto-Rückspiegel, ein älterer Herr legt bedächtig die rote Schärpe um, während seine Frau das Band an ihrem Strohhut zurechtzupft. Es sind schöne Bilder, und auch wir sind ein Teil davon. Wie wir vor dem Zelt stehen, ins Feuer schauen und einander in die Augen. Wie Gebäck gereicht wird und Champagner. Wie jeder jedem etwas Nettes sagt und dafür eine Artigkeit zurückerhält. Diese halbe Stunde im Nirgendwo sollte nicht enden.

Doch der Curdimurka Outback Ball ist ein uraustralisches Fest. Als wir um neun Uhr an der Tanzfläche eintreffen – nach einem ausgiebigen Dinner mit Fisch-ringen, Lammfleisch, Früchtekuchen, Rot- und Weißwein, das man uns Europäern stilvoll im Haupt-zelt unserer Zeltburg serviert hatte –, sind die meisten anderen schon betrunken. Bier und Bundy, ein hiesi-ger Schnaps, der bitter schmeckt und scharf, verfehlen ihre Wirkung nicht. Dagegen ist nichts einzuwenden, der allgemeinen guten Laune scheint das nicht abträg-lich. Man muss nur darauf achten, wohin man tritt, um Zusammenstöße zu vermeiden. Australier sind ganz verrückt auf Zusammenstöße.

Mit der Kleiderordnung freilich haben es die Gäste dann doch nicht so genau genommen. Eine Gestalt im Gorillakostüm stolpert uns entgegen, immerhin mit einer schwarzen Krawatte um den Hals. Auch der Tod begegnet uns schon früh am Abend, in der einen Hand trägt er die Sense, mit der anderen hält er ein Sixpack Bier umklammert. Ein junger Mann im Smoking zieht in Abständen einen Büstenhalter aus der Tasche, wir-belt ihn durch die Luft und verkündet lautstark, die passenden Brüste dafür zu suchen. Die meisten Umstehenden finden das lustig.

Auf dem Tanzboden wiegen sich die Paare zu den Disco-Songs von „L'il Horns Big Band", daneben haben es sich andere in ihren Campingstühlen gemüt-lich gemacht. Der Ball nimmt seinen Lauf. Der Höhe-punkt des Abends kommt früh, zwei Stunden vor Mit-ternacht. Es ist unvermittelt kalt geworden, alle rücken näher zusammen. Patrick McMahon wärmt die Gäste, „the Neil Diamond impersonator", auch dieser Begriff läßt sich nur unzureichend übersetzen, verliert die Farbe in der Übertragung als „Neil-Diamond-Imita-tor". Denn Patrick McMahon aus Melbourne, im aus-tralischen Osten recht erfolgreich, wie man uns versi-chert, ist als Neil Diamond so überzeugend, wie es das Original selbst womöglich nie war. Er hat eine großar-tige Band dabei und singt die Lieder, die jeder kennt, viel besser, als jeder sie mitsingen könnte. Er tobt über die Bühne, preist New York und L. A., die süße Caroline, Ehemänner und Ehefrauen, Freunde und Freundinnen und alle, die verliebt sind, und alle schauen sich gerührt in die Augen. Patrick McMahon ist als Parodie eines Popstars so überzogen, dass man ihn schon wieder ernst nehmen muss mit all seiner übertriebenen Leidenschaftlichkeit. Damit erscheint er als ideale Besetzung für diese Parodie eines Balls, der um so dichter an die Wirklichkeit heranreicht, je länger der Abend währt. Am Ende, als wir frierend zu unseren Zelten zurückkehren, glauben wir für einen Augenblick wirklich, auf einem Ball gewesen zu sein.

Der nächste Morgen kommt viel zu früh, viel zu heiß und mit viel zu vielen Fliegen. Der Smoking ist staubig, der weiße Kragen grau, draußen rattern die ersten Autos vorbei. 1500 Kilometer nach Melbourne, 2000 nach Brisbane, 2500 nach Darwin. Am Rand der Piste wächst der Müll zu riesigen Bergen. Vier Wochen werden Simon Coxon und seine Mitarbeiter benötigen, so hat er geschätzt, das Gelände aufzuräumen, auf dass nichts mehr an diese Nacht erinnern wird – außer der Erinnerung. Graham, der Pilot, holt uns um zehn Uhr ab. Eineinhalb Stunden später sind wir im Hotel in Adelaide.

Freddy Langer
Sieben Tage auf dem Franklin River

Greg war anders. Größer als die anderen. Auch breiter. Jeden Morgen stand er als erster am Ufer. Fertiggemacht zur Abreise und die Hände tief in die Schwimmweste geschoben, schaute er missmutig übers Wasser. Den Helm hatte er so tief ins Gesicht gezogen, dass die Augen halb verdeckt waren. Selten sprach er ein Wort, und es war irgendwie passend, dass die Gruppe einige Tage lang glaubte, er hieße Gary. Auch glaubte sie, er sei Tea Tree Farmer, und auf die Bäume angesprochen, die überall entlang dem Fluss wuchsen und deren schmale, dunkle Blätter in der pharmazeutischen Industrie verarbeitet werden, gab er sogar kurze, sehr kurze, aber stets vernünftig klingende Antworten. Als sich das Missverständnis löste, lachte er kurz und schüttelte den Kopf. „Tea Tree Farmer? Na." Dann schwieg er wieder.

Greg griff auch nur selten zu und dann niemals beherzt, wenn die Zelte abgebaut, das Geschirr eingepackt oder die Boote beladen wurden. Und unterwegs tauchte er sieben Tage lang sein Paddel nie tiefer ins Wasser als zwei, drei Zentimeter, dass es aussah, als ritzte er bloß die Oberfläche. Er muss der Stärkste der Gruppe gewesen sein. Doch Begriffe wie Kraft, Tempo oder einfach nur Engagement schienen ihm fremd. Er war eingebettet in eine Welt völliger Unaufgeregtheit. Gerade deshalb aber verkörperte er den Fluss, den wir mit zwei Schlauchbooten eine Woche lang hinunterfuhren, auf perfekte Weise, diesen Fluss, der nach Sir John Franklin benannt ist – zwischen 1836 und 1843

Gouverneur der australischen Insel Tasmanien, die damals noch Van Diemen's Land hieß, später der Arktisabenteurer, von dem ein Romantitel behauptet, er habe die Langsamkeit entdeckt.

Die Reise auf dem Franklin River ist keine Reise durch ein Wunderland voller Ahs und Ohs. Es dauert lang, bevor das tief ins Gebirge gefräste Tal sich öffnet und man mehr als einen kleinen Himmelsausschnitt sieht; manchmal verengt es sich sogar zu Canyons, zwischen deren finsteren Wänden man sich fast in einem Tunnel wähnt. Attraktionen sind rar. Hier ein paar kühn aufragende Klippen, dort Wasserfälle, die von den Bergen herab dem Fluss entgegenstürzen. Hin und wieder auch Katarakte des Franklin River, die umständlich umgangen werden müssen, steil die Berge hinauf und wieder hinunter, mehrmals, bis alles Gepäck drüben ist, die letztlich aber nur dieser Mühe wegen atemraubend sind und nicht etwa wegen eines spektakulären Anblicks. Dafür sind die Namen um so fantastischer: Thunderrush, The Sanctum, Transcendence Reach. Mitunter wurde auch tief in die Legendenwelt der Klassik oder gleich ins Alte Testament gegriffen: Ganymede's Pool, The Trojans, Diana's Basin, und Walls of Jericho. Und am Ende gibt es eine Höhle, die Kuti Kina Cave, die vor 20 000 Jahren bewohnt war, zu einer Zeit, als sich hier noch eine weite Savanne ausdehnte und kein dichter Regenwald den Fluss säumte, so wie heute – so undurchdringlich, dass man im Verlauf von mehr als 100 Kilometern nur an ein paar Dutzend Stellen an Land gehen kann.

Außerdem gibt es Rock Island Bend – einen scharfen Linksknick im Verlauf des Flusses, bei dem mitten im Wasser ein Monolith aufragt, vorne schmal und mächtig wie der Bug eines Schiffs. Es ist eine Art botanische Arche, möchte man am liebsten sagen, denn hoch oben auf dem Plateau und über dessen zerklüftete Kanten hinaus ist der Fels über und über bewachsen mit einer Vielfalt schönster Büsche und Bäume, die bizarr ihre Äste in die Höhe recken, als hielten sie sich damit im Gleichgewicht, um nicht abzustürzen. Es ist ein wunderbares Bild, das sich da so plötzlich auftut. Wie dem Geist eines romantischen Malers entsprungen. Wild und anmutig zugleich.

Es ist auch das bekannteste Bild des Flusses. Mit einer Aufnahme dieser Stelle hat vor mehr als 20 Jahren der tasmanische Fotograf Peter Dombrovskis maßgeblich zur Rettung des Franklin River beigetragen. So häufig wurde es veröffentlicht und so überzeugend vermittelte es den Betrachtern die Einzigartigkeit dieser Landschaft, dass sein Foto zur Ikone der australischen Naturschutzbewegung wurde. Mit unerwartetem Druck begann die Öffentlichkeit damals gegen den von der Regierung bereits genehmigten Bau weiterer Staudämme und Wasserkraftwerke im tasmanischen Südwesten zu demonstrieren. Zu Tausenden kamen 1982 Menschen in Kanus und Kajaks, Schlauchbooten und kleinen Segelschiffen vom Meer aus hinaufgefahren und errichteten nahe der Stelle, wo der Franklin in den Gordon River mündet, eine Blockade, als wollten sie eine Seeschlacht führen. Zu Hunderttausenden demonstrierten andere in den Städten für einen Fluss, von dem noch in den 1970er Jahren selbst in Tasmanien kaum jemand wusste, dass es ihn gibt – und dessen Biegungen und Becken und Klippen auch erst damals medienwirksam ihre fantastischen Namen bekamen. Am Ende hatten die Naturfreunde Erfolg. Die Regierung nahm den Beschluss zurück. Der Franklin River blieb wild – als letzter und einziger in dem Gebiet, das heute als World Heritage Area mehrere Nationalparks vereint und etwa ein Viertel der Insel ausmacht.

Als „Holy Grail of White Water" hatte Dan, einer unserer beiden River Guides, den Franklin bezeichnet: als den heiligen Gral aller Wildwasserflüsse. Das hat natürlich mit seiner politischen Geschichte zu tun. Und es hat damit zu tun, dass entlang seinem Verlauf nur ein einziges Mal und nur für einen winzigen Moment mit einem über den Fluss gespannten Lastenseil ein Relikt der zivilisierten Welt auftaucht. Obwohl der Regenwald hier bis zum Zweiten Weltkrieg systematisch abgeholzt wurde, glaubt man sich in unberührter Wildnis. Auch dass dem trinkbaren, vom Tannin der Pflanzen fast schwarz gefärbten Wasser heilende Wirkung nachgesagt wird, unterstützt den besonderen Ruf des Flusses. Nicht gemeint ist mit der Bezeichnung „Holy Grail of White Water" hingegen, dass der Franklin dramatisch aufgewühlt sei; im Gegenteil. Uns waren seine Stromschnellen allesamt zu kurz und kaum eine heftig genug. Und so dauerte es einige Tage, bis wir begriffen, dass genau darin das Wesen der Wildnis liegen könnte: dass sie nicht imponieren will, sondern einfach ist.

Viel lieber als mächtig möchte man den Franklin River denn auch als ignorant bezeichnen. Völlig desinteressiert schneidet er sich seinen Weg entlang der Höhenzüge von Deception Range und Princess Range, plätschert so dahin, wenn es trocken ist, schwillt aber bei Regen binnen weniger Stunden an zum kraftvollen Strom, unterhöhlt die Uferböschung, bringt haushohe Bäume zum Kippen und reißt mit sich, was nicht anständig verwurzelt ist. Das erlebten wir am vierten Tag unserer Reise.

Natürlich war es verwegen gewesen zu glauben, sieben Tage lang durch den Regenwald paddeln zu können, ohne dass es regnete. Erst tröpfelte es, und man meinte, Mücken tanzten durch die Luft, denn der Regen flimmerte nur, ohne dass man ihn recht spürte. Später fielen einzelne Tropfen vom Himmel, die auf den Fluss aufschlugen, zurück in die Höhe hüpften, zerplatzten und als kleine Kügelchen weit über das Wasser rollten, bevor sie sich auflösten und im Fluss aufgingen. Noch später, da hatten wir schon unser Camp aufgeschlagen und lagen unter einer aufgespannten Plane auf unseren dünnen Luftmatratzen, prasselte Stunde um Stunde der Regen nieder, dass jeder wusste, hier würden wir einen Tag lang festsitzen oder zwei. Am nächsten Morgen war der Pegel um gut anderthalb Meter gestiegen.

Es hätte der Tag werden können, an dem wir uns kennenlernten. Acht Urlauber, die sich redlich bemühten, einen souveränen Eindruck zu machen, und zwei River Guides, die martialisch ausgerüstet waren wie die Helden in einem Abenteuer-Thriller, beide mit Karabinern und Rettungsseilen behängt, einer den Helm fast fotorealistisch lackiert mit den zuckenden Blitzen eines Gewitterhimmels, als wollten sie uns unentwegt zeigen, in welcher Gefahr wir uns bewegten, und zugleich versichern, dass wir nichts zu befürchten hätten, solange sie bei uns waren.

Es hatte bis dahin wenig Möglichkeiten gegeben, viel zu erzählen. Der Fluss ließ Gespräche kaum zu. Anfangs war das Wasser flach, und das Boot setzte häufig auf dem Grund auf; später mußte es immer wieder über Steine oder querliegende Baumstämme gehoben werden. Das war ein Geruckel und Gezerre, wenn man bis zu den Knien und manchmal bis zum Bauch im Wasser stand, die Hände klamm und die Füße kalt, trotz des Neoprenanzugs und der dicken Wollsocken in den Tennisschuhen. Dann wiederum kamen Stromschnellen, und Dan, der Guide und Steuermann, rief von hinten seine Kommandos, damit wir das Schlauchboot möglichst elegant durch die gefährlichen Stellen schlängeln würden. „Forward, team. Backward right. Over left. Back to positions. Forward, please. Dig it in, team!" brüllte er, und wir paddelten, mal vorwärts und mal zurück, als ging es um unser Leben, korrigierten unentwegt die Richtung, sprangen, um das Gewicht zu verlagern, von einer Seite des Boots auf die andere, dass es ein Wunder war, dass wir uns mit den Paddeln nicht wechselseitig die Köpfe einschlugen. „Stop now", aber hieß es dann irgendwann. Und: „Well done, team."

Dann trieben wir wieder dahin, einen Moment lang wenigstens, und Dan stellte die Fragen, die er bei solchen Touren wohl immer stellt, weil die Antworten gerade kurz genug sind bis zur nächsten Unterbrechung und einem dennoch das Gefühl vermitteln, man unterhielte sich über das Leben: „Welche drei CDs würdet ihr auf eine Insel mitnehmen?" – „Welches ist euer liebstes Junk Food?" – „Zu welchem Ort der Erde hättet ihr gern einen Schnellzugang durch einen magischen Tunnel?" Auch Casey, der Steuermann des anderen Schlauchboots, wusste, dass auf dem Fluss für ausgiebige Prosa keine Zeit ist, und brüllte deshalb Kürzestwitze zu uns herüber: „Was sagt das Pferd im Kühlschrank? Brrrr." Oder: „Weshalb trägt Michael Jackson zu kurze und zu enge Hosen? Weil es nicht seine sind."

Und nun steckten wir fest in unserem Lager am Serenity Sound, wo der Fluss zu einem breiten, tiefen Becken aufgestaut ist, fast bewegungslos daliegt, so hat es den Anschein, aber sich am Ende des Sunds um so heftiger in etlichen Kaskaden über riesige Felsbrocken hinweg in die Coruscades entlädt, die längste Folge von Stromschnellen auf seiner Reise. Auch bei niedrigem Wasserstand müssen die Boote hier von Becken zu Becken an Seilen hinabgelassen werden, heikle Unterfangen, bei denen der Gummi hart über die Steine schabt, die Boote sich im Wasserschwall wenden oder in Strudeln zurückgehalten werden, dass man sie kaum aus der Strömung befreien kann. „Wenn dieser Fels 30 Zentimeter aus dem Wasser ragt", hatte Casey am Morgen gesagt und auf eine dunkle Stelle im Wasser gezeigt, wo nicht die Spur eines Steins zu sehen war, „dann brechen wir unser Lager ab." Noch aber stieg der Fluss.

Wieso also kamen wir auch an diesem Tag kaum ins Gespräch? Vielleicht waren alle zu erschöpft. Vielleicht war das Tosen des Wassers zu laut, gegen das man anbrüllen musste. Vielleicht war das Lager zu ungemütlich für ein geselliges Beisammensitzen; denn mehr als die aufgespannte Plane über einem schmalen Streifen abschüssigen und durchgeweichten Waldbodens zwischen dem Fluss und dem steilen Berg war es ja nicht. Vielleicht hing auch ganz einfach jeder nur gern seinen eigenen Gedanken nach, weil hier zum ersten Mal dazu die Möglichkeit bestand, seit wir losgefahren waren.

Es macht das Wesen einer Expedition aus, dass sie das Leben auf das Elementarste reduziert – und damit überschaubar macht. An einer Brücke des Lyell Highway, der einzigen Ost-West-Verbindung durch das Innere Tasmaniens, waren wir die Böschung hinunter zum Collingwood River geklettert, einem Nebenfluss des Franklin, hatten die Schlauchboote aufgepumpt und das Gepäck samt Proviant darauf verschnürt, dann ging es los. Dort, wo der Franklin in den Gordon River mündet, 110 Kilometer später und 300 Höhenmeter tiefer, würden wir von einer Segelyacht abgeholt werden. So einfach war hier die Reisebeschreibung. Nur ein Hubschrauber würde uns im Notfall unterwegs abholen können. Denn es gibt kaum Pfade zum Fluss und erst recht keine Straßen. Es gibt nichts unterwegs. Nichts als die vom Regenwald dichtbewachsenen Hänge. Was wir nicht mitgenommen hatten, würden wir deshalb auch unterwegs nicht besorgen können. Aber was braucht man schon, wenn man den Tag über klitschnass im Boot sitzt und abends früh in den Schlafsack kriecht? Ebendiesen Schlafsack. Trockene Kleider zum Wechseln. Und eine Zahnbürste. Mehr nicht. Trotzdem war der Schock gewaltig gewesen, als jeder zu Beginn der Tour einen bunten, wasserdichten Beutel in die Hand gedrückt bekommen hatte mit einem Fassungsvermögen von bestenfalls 50 Litern. „Was hineinpasst, dürft ihr mitnehmen", hieß es. „Alles andere bleibt hier."

So exakt wie das Ziel der Reise formuliert war, so einfach waren die Regeln unterwegs. Und auch das trägt dazu bei, dass Expeditionen so leicht zu folgen ist: Immer weiß man genau, was zu tun ist; und immer muss man es augenblicklich erledigen. Schon am zweiten Tag beginnen die anfangs so fremden Handgriffe zur Routine zu werden, am dritten weiß man von jedem Teil und von jedem Sack, wo er verstaut wird, am vierten kann man die wichtigsten Knoten blind und erkennt auf den ersten Blick, zwischen welchen Bäumen im Lager das Seil gespannt werden muss, damit alle unter der Plane Platz finden. Am fünften begannen wir sogar, ohne viele Kommandos die kleinen Kaskaden hinunterzutanzen. Nur wie Casey Abend für Abend aus den wenigen Zutaten seiner Plastikschüsseln und -dosen die Mahlzeiten samt Nachtisch zubereitete – mal Lachssteaks mit gemischtem Salat, mal Lammkoteletts mit frischem Gemüse, ein anderes Mal Sushi –, das begriff bis zum letzten Tag niemand. Auch das macht Gespräche während einer Expedition schwierig: dass man, wenn einmal nichts zu tun ist, den Mund voll hat.

Natürlich wussten wir am Ende voneinander, wer wir waren und woher wir kamen. Ein Ärzteehepaar aus Amerika, aus Australien zwei Büroangestellte, ein Farmer und ein Regisseur, der einen Film über Bob Brown drehen will, den Anführer der Demonstrationen gegen das Staudammprojekt vor gut 20 Jahren. Und Greg, der eine Wäscherei betreibt, wie er später einmal kurz und bündig mitteilte. Und natürlich hatte jeder unterwegs erzählt, was er sich von der Reise erhofft hatte. Trotzdem wurde es ein seltsam feierlicher Moment, als Dan am Ende der Tour am Bootssteg von Goulds Landing, genau dort, wo der Damm errichtet werden sollte, einen Wochen zuvor dort versteckten Kasten voller Bierdosen aus dem Wasser zog und jedem eine zuwarf.

„Wartet noch einen Moment", sagte er; aber er sagte es zu langsam, denn da hatte Greg bereits seine Dose geleert und mit der bloßen Hand zerquetscht. Dan ließ sich nicht beirren. „Wartet noch einen Moment", wiederholte er. Denn jeder sollte zuerst sagen, was ihm auf der Reise am besten gefallen habe, bevor wir anstoßen würden. Und plötzlich wurde die Bootstour viel länger, als jeder sie eben noch in Erinnerung hatte. Da erst bemerkten wir, dass die Woche eben nicht dahingeplätschert, sondern, wie von einer Stromschnelle erfasst, vorübergezogen war.

Jedem kam ein anderer Moment in den Sinn. Der Ausflug an einem Abend durchs Gestrüpp und Unterholz hinauf auf die Bergkuppe, von wo aus wir das einzige Mal während der Fahrt einen Eindruck davon bekamen, wo wir überhaupt waren, als sich Bergkette um Bergkette bis zum Horizont wellte und sich tief unten der Fluss als glitzerndes Band durch die Landschaft schlängelte. Der Abend im Canyon Irenabyss, als wir noch einmal in die Boote gestiegen waren und uns in einer kühlen Stille treiben ließen und Rotwein und Käsecracker hin- und herreichten. Der Tag, an dem uns die drei Kakadus begleitet hatten, stundenlang, meist auf einer Höhe mit den Booten, manchmal vorausfliegend und irgendwo in den Bäumen auf uns wartend – die einzigen Tiere, die wir in der ganzen Zeit gesehen hatten, abgesehen von dem kleinen Wollknäuel, dem Tüpfelbeutelmarder, der an einem Morgen durchs Lager huschte und uns mit großen Augen betrachtete, und abgesehen von den Hunderten von Glühwürmchen, die eines Abends auf dem feuchten Stein zwischen Moosen und Farnen mit ihrem neongrünen Licht das Lager verzauberten. Oder der Moment, da alle mit einem Schrei von der Klippe in den Fluss gesprungen sind, weil Dan behauptet hatte, so sei es Tradition seit 1983, seit die Demonstranten die Regierung in die Knie gezwungen haben. Oder war es nicht doch Rock Island Bend, dieser bizarre, von den Schaumkronen der Strömung umspülte Monolith? Nur Greg hatte wieder einmal kein Wort gesagt.

Mit der zerquetschten Bierdose in der Hand schaute er so missmutig wie immer über das Wasser. Aber Dan beharrte auf einer Antwort. „Greg", sagt er, „wir wollen anstoßen. Was also hat dir am besten gefallen?" Es schien, als hätte Greg die letzten Minuten gar nicht zugehört und als begänne er erst jetzt darüber nachzudenken. Da warf er lässig die zerquetschte Bierdose in den Müllsack und sagte: „Alles."

Ein Märchen
Die letzte Reise

Tief im Süden ragt ein mächtiger Felsen empor, der in östlicher Richtung allmählich zum Meer hin abfällt. Auf diesem langgestreckten Hang sind im steinigen Boden ganz deutlich die Fußabdrücke von Männern, Frauen und Kindern zu erkennen. Immer, wenn bei den umliegenden Stämmen jemand gestorben ist, erscheinen die geheimnisvollen Spuren wie frisch ausgetreten, ohne dass dort jemals ein menschliches Wesen gesehen wurde.

Hier beginnen die Geister der Toten ihre weite Reise aus den irdischen Jagdgründen in die Heimat der unsterblichen Seelen. Für die Augen der Lebenden unsichtbar, schlägt ein ungeheuer langer Baumstamm die Brücke von dem fernen unbekannten Land über das Meer, bis hin zum Fuße des Abhangs. Nach dem Tod eines Menschen erklettert sein Geist in der Nacht den Gipfel des Felsens, wo er stehen bleibt und gen Osten blickt. Dann setzt er Schritt für Schritt in die ausgetretenen Fußstapfen, bis er unten ankommt und das Ende des Baumstamms erreicht.

Ohne zu zögern springt er auf die Brücke und wandelt sicher über die endlose Wasserfläche. Wenig später versperren ihm lodernde Flammen den Weg, die aus den brodelnden Untiefen der See hervorschießen. War der Verstorbene ein guter Mensch, so schreitet der Geist unbehelligt durch die feurige Glut. Hat er jedoch gegen die Gesetze des Stammes verstoßen, so versengen ihn die Flammen, oder aber sein Fuß gleitet aus und er stürzt kopfüber in das Feuer.

Am Ende einer langen Wanderung betritt die Seele das Land auf der anderen Seite des Meeres und setzt ihren Weg durch den dichten Busch fort. Hier lauert eine große schwarze Krähe:

„Du hast mich einst in Schrecken versetzt", krächzt der riesige Vogel heiser. Er versucht, den Ankömmling mit einem scharfen Speer zu durchbohren, doch die Waffe verfehlt das Ziel und der Geist geht ungehindert weiter, verfolgt von Verwünschungen der Krähe.

Ein Pfad öffnet sich und auf der Lichtung steht ein mächtiger Feigenbaum. Schweigend an den Stamm gelehnt, erkennt der Verstorbene einen Verwandten aus dem irdischen Leben. Hoch oben in der Krone aber kauert ein bösartiges Wesen, das die Seelen der Menschen zu vernichten sucht.

„Führ ihn unter den Baum", schreit der finstere Geselle zwischen den Ästen hervor.

Der Verwandte befolgt den Befehl, doch nicht ohne den Freund eindringlich vor der drohenden Gefahr zu warnen.

Unterdessen pflückt das Wesen im Baum frische Feigen, die es fest um ein leuchtendes Quarzkristall presst.

„Stell dich auf den freien Platz, ich werfe dir die Feigen hinab", ruft eine raue Stimme dem Geist zu.

Wohl wissend, dass der Widersacher nur Böses im Schilde führt, tritt dieser hinter die hohen Sträucher und bückt sich hungrig nach Früchten, die der Wind von den Zweigen geschüttelt hat. Plötzlich schleudert der Mann im Baum mit aller Kraft seine Feigen, die zu einem großen Steinbrocken geworden sind, nach ihm. Aber das dichte Unterholz versperrt ihm die Sicht, und so verfehlt er sein Ziel.

Der Geist des Toten zieht weiter und der verschlungene Pfad führt durch eine enge, steil abstürzende Felsenschlucht, die auf beiden Seiten von Gebüsch überwuchert ist. Hier hausen riesenhafte Papageien, die dem Fremdling mit ihren furchtbaren nadelspitzen Schnäbeln das Fleisch von den Knochen reißen wollen. Er aber verteidigt sich tapfer und vertreibt die gefiederten Ungeheuer, die ein lautes Geschrei und Gezeter erheben, wie es Papageien auch sonst immer tun.

Schließlich betritt der Wanderer einen lichten Wald, dessen Boden von grünen, grasigen Matten und leuchtenden Blumen bedeckt ist. Auf den Bäumen zwitschern farbenprächtige Vögel, in den Bächen springen die glitzernden Fische. Hier trifft der Verstorbene eine große Zahl fröhlich spielender Menschen jeglichen Alters. In vielen erkennt er die Verwandten und Freunde, die vor ihm aus dem Leben geschieden sind. Müde lässt er sich etwas abseits von den anderen nieder, doch wenn die Verwandten den Neuankömmling erblicken, eilen sie herbei, heißen ihn freundlich willkommen und geleiten ihn feierlich ins Lager. Dort wird er geschmückt und bemalt, wie es auf Erden Sitte war. Anschließend findet zu seinen Ehren ein ausgelassenes Tanzfest statt.

Bald darauf erscheint ein hässlicher alter Mann mit schorfiger Haut und narbenzerfressenem Körper in der Nähe des Festplatzes:

„Wer ist gekommen, dass ihr einen solchen Lärm veranstaltet?", krächzt er heiser.

„Du hast nur das laute Spiel der jungen Leute gehört", antworten die Männer.

Der Alte äugt misstrauisch umher, aber er kann das Lager nicht betreten. Es wird von seinen eigenen Jagdgründen durch ein breites Wasser getrennt, das er nicht überschreiten darf. Bekommt er nämlich den Neuankömmling zu Gesicht, so richtet er vielleicht den magischen Knochen auf ihn oder ruft durch böse Zaubersprüche Unheil herbei. Deshalb erhält der Narbengesichtige stets eine ausweichende Antwort, worauf er zu seinem Wohnplatz zurückhumpelt.

War der Verstorbene jedoch ein habgieriger, streitsüchtiger Mensch, der den Stammesbrüdern viel Kummer bereitet hat, dann nimmt die Reise einen ganz anderen Verlauf. Der Speer der schwarzen Krähe durchbohrt den Wanderer und ihr spitzer Schnabel pickt das Fleisch in großen Stücken von seinen Knochen. Messerscharfe Klauen peinigen das schreiende Opfer, dann reißt ihm der Vogel den langen Speer aus dem Leib und treibt den halb Besinnungslosen krächzend vor sich her.

Vor dem Feigenbaum wartet diesmal kein sorgender Verwandter, um den Freund rechtzeitig vor der drohenden Gefahr zu warnen. Nichtsahnend macht deshalb der Ankömmling genau unter dem Blätterdach halt und bückt sich hungrig nach herabgefallenen Früchten. Auf diesen Augenblick aber hat der Widersacher im Baum nur gewartet. Er schmettert dem Ahnungslosen seinen steinernen Feigenklumpen mit solcher Wucht gegen den Hinterkopf, dass der Getroffene blutüberströmt zusammenbricht. Der böse Mann springt zur Erde hinab, schüttelt den Verwundeten so heftig, dass die Knochen rasseln, und zwingt ihn, die Reise fortzusetzen, obwohl er sich kaum noch auf den Beinen halten kann.

In der engen Felsenschlucht wird er von den kreischenden Riesenpapageien beinahe zerfleischt und entgeht nur mit knapper Not ihren furchtbaren Klauen. Wenn der Geist des Verstorbenen schließlich aus vielen Wunden blutend das Lager der Stammesgenossen erreicht, so wenden diese sich von ihm ab:

„Geh weiter", rufen sie laut, „in unserer Gemeinschaft ist kein Platz für dich." Daraufhin erscheint wieder der hässliche alte Mann und fragt:

„Wer ist gekommen, dass ihr einen solchen Lärm veranstaltet?"

„Ein Fremder", antworten die Männer und wenden sich wieder ihrem Spiel zu.

Der Alte ruft den Neuankömmling herbei und nimmt ihn mit in das eigene Lager, wo er für immer bleiben muss.

Die Wundmale aber, die der Wanderer von seiner langen Reise davonträgt, heilen niemals aus. Bald ist sein Körper so schorfig und narbenzerfressen wie der des bösen Zauberers.

Quellennachweis

Freddy Langer
Vorwort
Originalbeitrag

Bruce Chatwin
Am Anfang, aus: Ders., Traum-
pfade. The Songlines, aus dem
Englischen von Anna Kamp
© 1990 Carl Hanser Verlag,
München

James Cook
Entdeckungsfahrten im Pazifik,
aus: A. Grenfell Price: Captain
James Cook, Entdeckungsfahrten im Pacific. Die Logbücher
der Reisen von 1768–1779,
S. 96–127 in Auszügen,
© Edition Erdmann in der
marixverlag GmbH 1971

Paul Theroux
Wanderschaft in Woop Woop,
aus: Ders., Die glücklichen In-
seln Ozeaniens, Copyright der
deutschen Übersetzung © 1993
by Hoffmann und Campe
Verlag, Hamburg, S. 64–92;
Abdruck mit freundlicher
Genehmigung von The Wylie
Agency (UK) Ltd., London,
Copyright © 1992, Cape Cod
Scriveners Company

Alfred Brehm
Das Känguru, aus: Ders.,
Die Säugetiere, Dritter Band,
Leipzig und Wien 1900

Bill Bryson
Verirrt in Sydney, aus: Ders.,
Frühstück mit Kängurus.
Australische Abenteuer © 2001
Wilhelm Goldmann Verlag,
München in der Verlagsgruppe
Random House GmbH; Über-
setzung: Sigrid Ruschmeier

Walter Schoendorf
Die Great Ocean Road – Wo
Wellenreiten und Aussi-Boule
den Weg in den Urwald würzen,
mit freundlicher Genehmigung
des Autors

Das große Wasser
aus: (Hg.) Herbert Boltz,
Märchen der australischen
Ureinwohner, Frankfurt 1996,
Auszüge S. 112–117

Edith Kohn
Perth – Die gute, heile Welt,
aus: Frankfurter Allgemeine
Zeitung vom 27.04.1995 © Alle
Rechte vorbehalten. Frankfurter
Allgemeine Zeitung GmbH,
Frankfurt. Zur Verfügung
gestellt vom Frankfurter All-
gemeine Archiv

Ludwig Leichhardt
Die erste Durchquerung
Australiens, aus: Ders., Die erste
Durchquerung Australiens,
S. 156–167 © Edition Erdmann
in der marixverlag GmbH 1983

Cees Nooteboom
Leere umkreist von Land
S. 63–69, aus: Ders., Leere
umkreist von Land. Reisen in
Australien. Aus dem Nieder-
ländischen von Helga van
Beuningen, © der deutsch-
sprachigen Ausgabe Suhrkamp
Verlag Frankfurt am Main 2008

Bruce Chatwin
Die Sache mit dem Bild, aus:
Ders., Traumpfade. The
Songlines, aus dem Englischen
von Anna Kamp © 1990 Carl
Hanser Verlag, München

Autoren

Freddy Langer (geb. 1957) leitet den Reiseteil der Frankfurter Allgemeinen Zeitung. Zahlreiche Reisen führten ihn in viele Teile der Welt. Er ist Autor etlicher Reisebücher, vor allem über Amerika. Im Ellert & Richter Verlag sind seine Reiselesebücher „Grönland" und „Südsee" erschienen.

Bruce Chatwin (1940–1989), britischer Romanautor und Reiseschriftsteller. Sein Buch „In Patagonien" (1981) machte ihn bekannt, mit „Traumpfade" (1987) aber wurde er schon zu Lebzeiten eine Legende. In dem Buch verknüpft er Erlebnisse und Begegnungen in Australien mit seiner Theorie des Nomadentums als das ureigentliche Wesen des Menschen. Sein letzter Roman „Utz" (1989) wurde mit Armin Müller-Stahl in der Hauptrolle verfilmt.

James Cook (1728–1779), britischer Marineoffizier und Entdecker. Tat sich während des britisch-französischen Kolonialkriegs in Kanada ebenso durch Zuverlässigkeit wie Kaltblütigkeit hervor. 1768 erhielt er das Kommando über die „Endeavour", mit der er eine Gruppe von Wissenschaftlern zu astronomischen Messungen nach Tahiti brachte. Die Weiterfahrt nutzte er zur Suche nach dem damals vermuteten Südkontinent sowie zu Studien und der Kartografie Neuseelands und Australiens, ehe er 1771 wieder England erreichte. In den Jahren 1772 bis 1775 unternahm er eine zweite Weltreise, die ihn bis fast an die Küste der Antarktis brachte. Zu einer dritten Weltreise startete er 1776. Sie führte weit hinauf in die Beringstraße; auf dem Rückweg kam Cook 1779 bei Auseinandersetzungen mit Einheimischen auf Hawaii ums Leben.

Paul Theroux (geb. 1941), amerikanischer Romanautor und Reiseschriftsteller. Für seine meist sehr ausgedehnten Reisen stellt er sich oft ungewöhnliche Aufgaben, so reiste Theroux etwa nur mit öffentlichen Verkehrsmitteln von seiner Wohnung in Boston bis zur Südspitze Südamerikas („Der alte Patagonien-Express") oder einmal rund ums Mittelmeer („An den Gestaden des Mittelmeers"). Bei seiner Südsee-Reise („Die glücklichen Inseln Ozeaniens") hatte er ein Faltboot im Gepäck. In seinen Büchern verbindet er scharfe Beobachtungsgabe mit einem bildungsbürgerlichen Anspruch. Sein Roman „Moskitoküste" wurde mit Harrison Ford in der Hauptrolle verfilmt.

Dr. Alfred Brehm (1829–1884), deutscher Zoologe. 1863 wurde er Direktor des Hamburger Zoologischen Gartens; 1869 gründete er das „Berliner Aquarium", dessen Direktor er bis 1875 war. Anschließend widmete er sich wieder Forschungen auf Reisen. Er schrieb zahlreiche Reisebücher; berühmt aber wurde er für seine fesselnden Naturbeobachtungen des ursprünglich sechsbändigen Lexikons „Tierleben" (1864–1869), das erweitert und überarbeitet bis heute aufgelegt wird.

Bill Bryson (geb. 1951), amerikanischer Reiseschriftsteller. Zog 1977 nach England, wo er als Journalist arbeitete. Dem Buch „Reif für die Insel", in dem er seine Erfahrungen in Großbritannien verarbeitete, folgten zahlreiche Reisebücher zunächst aus Amerika, dann aus der ganzen Welt. In seinen Texten wechselt er zwischen amüsanten Beobachtungen und satirischer Schärfe. Zuletzt widmete er sich in „Eine kurze Geschichte von fast allem" den Rätseln des Universums. Bryson lebt heute wieder in Amerika.

Walter Schoendorf (geb. 1954), deutscher Reisejournalist und Designer. Seine Reiseberichte hat er auf der Website www.travelbook.de zusammengestellt.

Edith Kohn (geb. 1953), deutsche Journalistin. Schrieb seit Anfang der 1990er Jahre investigativ recherchierte Reportagen unter anderem für die Magazine Tempo und Stern. Für die Frankfurter Allgemeine Zeitung verfasste sie mehrere große Reisegeschichten. Edith Kohn lebt mit ihrem Mann als freie Autorin in Berlin.

Ludwig Leichhardt (1813–1848 verschollen), deutscher Forschungsreisender. Nach einem Studium der Naturwissenschaften und Medizin reiste er 1842 nach Australien. Nach etlichen Ausflügen und einer weiten Reise ins Innere Australiens machte er sich 1844 auf den Weg, als Erster den Kontinent zu durchqueren. Auf fünf Monate war die Expedition angesetzt; am Ende dauerte sie 15 Monate.

Die Erkenntnisse, die Leichhardt mitbrachte, waren ernüchternd, machten ihn aber augenblicklich in Australien berühmt. Von einer dritten ausgedehnten Reise ins Innere des Landes kehrte Leichhardt nie zurück; unter den Aborigines kursierte lange Zeit das Gerücht, er irre, verrückt geworden, als „wilder, weißer Mann" ziellos durch das Outback.

Cees Nooteboom (geb. 1933), niederländischer Romanautor und Reiseschriftsteller. Wie sein literarisches Werk sind auch Nootebooms Reiseberichte geprägt von Selbstzweifeln und der Skepsis gegenüber jeglichen Heilsversprechen. Nur selten mag man sie deshalb als Reportagen bezeichnen; eher sind sie von genauer Beobachtung getragene, reflektierende Betrachtungen.

Roland Dusik (geb. 1956), deutscher Journalist und Reisebuchautor. Schwerpunkte seiner zahlreichen Veröffentlichungen sind Australien und Südostasien.

Andreas Obst (1959–2008), deutscher Reisejournalist und Musikkritiker. Reportageaufträge – vor allem des Reiseblatts der Frankfurter Allgemeinen Zeitung, für das er jahrelang tätig war – führten ihn in alle Gegenden der Welt, am liebsten in dünn besiedelte Regionen. Geprägt sind seine Texte durch Lakonie, hinter der sich jedoch seine ganz eigene, gezügelte Form der Begeisterung verbirgt.

Impressum

**Bibliografische Information
der Deutschen Bibliothek**
Die Deutsche Bibliothek
verzeichnet diese Publikation
in der Deutschen National-
bibliografie; detaillierte bibliografische Daten sind im Internet
über http://dnb.ddb.de abrufbar.

ISBN 978-3-8319-0334-4

© Ellert & Richter Verlag
GmbH, Hamburg 2008

Textauswahl:
Freddy Langer, Frankfurt am
Main
Redaktion: Claudia Schneider,
Hamburg
Gestaltung:
Büro Brückner + Partner, Bremen
Gesamtherstellung:
Offizin Andersen Nexö Leipzig
GmbH, Zwenkau

Das Titelfoto zeigt den Ayer's
Rock. Die Rechte des Bildes
liegen bei Bilderberg, Hamburg
(Jerzy Modrak).